AF393916

Benedict Ugarte Chacón

Berlin schlechtreden

Alte Texte neu gedruckt (2009 - 2014)

Bibliografische Information der Deutschen National-bibliothek:
Die Deutsche Nationalbibliothek verzeichnet diese Publikation in der Deutschen Nationalbibliografie; detaillierte bibliografische Daten sind im Internet über http://dnb.dnb.de abrufbar.

Herstellung und Verlag: BoD – Books on Demand, Norderstedt

ISBN: 978-3-7357-2320-8

Inhalt

Vorwort

Die in diesem Buch gesammelten Artikel aus den Jahren
2009 bis 2014 sind – bis auf eine Ausnahme – keine
neuen Texte. Sie sind bereits an anderer Stelle erschienen und die meisten von ihnen sind auch im Internet
verfügbar. Warum also dieses Buch? Der Verfasser
machte sich Anfang des Jahres daran, seine bisher ge-
schriebenen Texte systematisch zu erfassen bzw. abzu-
heften. Dabei kam er zu der Überlegung, dass es sich bei
einigen von ihnen vielleicht lohnen könnte, sie noch
einmal in gedruckter Form zu veröffentlichen. Der
„Mehrwert" dieser durch den Autor selbst publizierten
Sammlung besteht somit schlicht darin, dass einzelne
Texte nicht im Internet zusammengesucht werden müssen, sondern diese nun in gebündelter Form vorliegen.

Die meisten der Texte wurden ursprünglich für die
Tageszeitung *Junge Welt* und das *MieterEcho – Zeitung der
Berliner MieterGemeinschaft* verfasst. Es finden sich hier
aber auch einige Artikel aus der *motz – berliner straßenma-
gazin* sowie aus sonstigen Medien. Dem Inhalt nach
handeln die meisten Texte von unterschiedlichsten
Berliner Begebenheiten oder Zuständen. Hieraus leitet
sich auch der Titel der Sammlung her: Berlin „schlecht
zu reden" hielt der Regierende Bürgermeister Klaus
Wowereit (SPD) in den letzten Jahren all jenen vor, die
sich erlaubten, ihn und sein politisches Wirken vor allem
im Zusammenhang mit dem Debakel um den Flughafen
Berlin Brandenburg (BER) zu kritisieren. Wer bei diesem Desaster nicht wie die Vertreter und Vertreterinnen
der rot-schwarzen Koalition von einer „Erfolgsgeschichte" salbadert, der oder die will, so das eigentümli-

che Verständnis, der Weltmetropole Berlin schaden. Wowereit selbst hatte im Zuge des Bankenskandals im Jahr 2001, der ihn schließlich an die Regierung spülte, vollmundig einen „Mentalitätswechsel" angekündigt. Damit wollte er sich wahrscheinlich von der bis dahin vorherrschenden mehltauartigen Politik der CDU-geführten Koalition abheben, die die Stadt in erster Linie als ihre Beute betrachtete. Die damalige CDU unter ihren Frontmännern Eberhard Diepgen und Klaus-Rüdiger Landowsky verstand übrigens Kritikerinnen und Kritiker ihrer Stadtpolitik als „Anti-Berliner". Dieser selbstherrliche, provinzielle Kleingeist scheint sich bis heute bei der politischen Elite dieser Stadt gehalten zu haben.

Der Verfasser war in den letzten Jahren in einigen politischen Zusammenhängen mehr oder weniger aktiv: Studierendengruppen, der Initiative Berliner Bankenskandal, dem Berliner Bündnis gegen Privatisierung, dem Berliner Wassertisch und ganz kurz bei Attac. Zudem ist er Mitglied der Piratenpartei, aus der SPD ist er nach sehr kurzer Mitgliedschaft irgendwann 2002 wieder ausgetreten. Diese Aktivitäten sind kein Geheimnis, seien hier aber trotzdem noch einmal erwähnt. Es sollte demnach keinesfalls erwartet werden, bei den hier gesammelten Texten handle es sich um „objektive" oder sonst wie meinungsfreie Äußerungen. Eine „ausgewogene Berichterstattung" war nie ihr Sinn und Zweck. Im Gegenteil: Die politischen Tätigkeiten des Verfassers schlagen sich immer wieder in den Texten sowie in deren Schlussfolgerungen nieder. Vor diesem Hintergrund kann es durchaus sein, dass sich die eine oder der andere durch einzelne Aussagen möglicherweise unangenehm berührt fühlt. Sollte dies der Fall sein, so wird es durch den Verfasser begrüßt. Es trifft aus seiner Sicht die Richtigen. Vorweg geschickt sei ebenfalls, dass sich alle hier abgedruckten Texte auf dem Stand ihres ursprünglichen Erscheinungsdatums bewegen.

Bedanken möchte ich mich an dieser Stelle noch bei Peter Grottian und Mathias Behnis, die mir freundlicherweise erlaubten, gemeinsam formulierte Artikel noch einmal abzudrucken.

Berlin, Mai 2014

PPP für Preußens Gloria

Heute wird der Grundstein für das „Public Private Partnership"-Projekt „Berliner Stadtschloß" gelegt

Nach mehrjähriger Verzögerung ist es heute soweit. Freunde vordemokratischer Restauration im Verbund mit selbsternannten Kultureliten feiern die Grundsteinlegung für das von Bund und Berlin gemeinsam mit einem privaten Förderverein getragene Großprojekt „Berliner Stadtschloß". Der heutige Festakt, an dem nach Angaben der „Stiftung Berliner Schloß – Humboldtforum" 1000 geladene Gäste teilnehmen werden, findet im Beisein des Bundespräsidenten Joachim Gauck statt. Dieser hatte 2012 die Schirmherrschaft über die Stiftung übernommen. Er begründete dies seinerzeit mit den „zukunftsgerichteten Aspekten" des Vorhabens. Mit dem Humboldtforum im neu errichteten Schloß würde „Deutschlands Rolle in einem fruchtbaren und konstruktiven Dialog der Kulturen der Welt" unterstrichen. Das Stadtschloß soll das „Grand Projet einer Kulturnation" werden – dieser Auffassung ist zumindest der Berliner Kulturstaatssekretär André Schmitz (SPD), der diese hehren Worte bei der Eröffnungsfeier der Humboldt-Box, einem Übergangsbau am Schloßplatz, wählte. Ähnlich sieht es Manfred Rettig, Vorstand der Stiftung Berliner Schloß. Er spricht von dem Neubau als einem „Schaufenster" für die Bundesrepublik Deutschland – was deutlich an die alte Westberliner Tradition erinnert, sich als „Schaufenster des Westens" gegen die sozialistische Umgebung abzusetzen.

Ebenso verquast kommt es aus der Berliner Politik. So heißt es im Einladungsschreiben der CDU-Fraktion im Abgeordnetenhaus zu einem Podiumsgespräch mit dem „Schloßherrn" Wilhelm von Boddien, das vor einigen Tagen stattfand: „Berlin setzt mit der Errichtung des Stadtschlosses und des Humboldtforums ein großes Signal für die Stadt und die gesamte Republik. (…) Mit dem rekonstruierten Stadtschloß und seiner historischen Kuppel nimmt bürgerschaftliches Engagement für Berlin und seine Gäste weithin sichtbar Gestalt an." Die Art von „bürgerschaftlichem Engagement", wie sie beim Stadtschloß praktiziert wird, ist so recht nach konservativem Geschmack. Den „Bürgern" wird – anders als im Mittelalter – weder Land noch Geld abgepreßt, um herrschaftliche Prachtbauten zu finanzieren, sondern sie werden demokratisch vor die Wahl gestellt: Entweder spenden sie freiwillig für den Bau oder kommen eben mit ihren Steuergeldern dafür auf. Und wie es sich für richtige Schloßfeierlichkeiten gehört, hat das gemeine Volk bei der Grundsteinlegung gefälligst außen vor zu bleiben. „Leider ist aus Sicherheitsgründen diese Veranstaltung nicht öffentlich", heißt es beim Förderverein. Dafür soll es am 16. Juni einen „Tag der offenen Baustelle" geben. Zu hören sein werden dort zwar nicht wie bei der Grundsteinlegung die Bläser der Berliner Staatskapelle unter Daniel Barenboim, aber immerhin das Stabsmusikkorps der Bundeswehr „mit berühmten Berliner Weisen". Doch bei allem Brimborium rund um den Neubau bleibt eines festzuhalten: Bei der Rekonstruktion des Stadtschlosses handelt es sich nicht allein um ein Kulturprojekt, sondern auch um eine Public Private Partnership, die wie so oft einigen finanziellen Unwägbarkeiten unterliegt.

Die ältesten Teile des ursprünglichen Berliner Stadtschlosses stammten aus dem 15. Jahrhundert. Das Schloß war einige Jahrhunderte lang die Residenz der brandenburgischen Markgrafen, preußischen Könige und deutscher Kaiser. Im Zweiten Weltkrieg schlugen mehrere Bomben in den Gebäudekomplex ein, 1945 brannte es vollständig aus. Die Führung der DDR unter Walter Ulbricht begann 1950 mit der Sprengung der verbliebenen Gebäudeteile. In den 70er Jahren wurde der Palast der Republik auf Teilen des ehemaligen Schloßgeländes errichtet. Einige Skulpturen, die ursprünglich dorthin gehörten, finden sich heute über ganz Berlin verteilt. So zum Beispiel der Neptunbrunnen vor dem Roten Rathaus, die Löwenfiguren im Tierpark Friedrichsfelde oder St. Georg mit Drachen im Nikolaiviertel. Die Wiedererrichtung des gesprengte Prunkbaus brachte insbesondere der „Förderverein Berliner Schloß e.V." seit Anfang der 1990er Jahre in die Diskussion. Gegründet wurde der Verein im Jahr 1992 durch den Lübecker Unternehmer Wilhelm von Boddien. Dieser wiederum ist Berlin schon seit längerem verbunden. Im Jahr 1994 wurde er Geschäftsführer der „Partner für Berlin Gesellschaft für Hauptstadtmarketing mbH", die heute unter „Berlin Partner GmbH" firmiert. Aufgabe dieser PPP-Gesellschaft, die von der Investitionsbank Berlin, der Handwerkskammer, der Industrie- und Handelskammer sowie einer „Partner für Berlin"-Holding aus 50 Unternehmen getragen wird, sind in erster Linie Wirtschaftsförderung und Standortmarketing. Nach Mathew D. Rose, dem Korruptionsforscher mit dem Spezialthema „Berlin", handelte es sich bei den Partnern für die Hauptstadt zum Zeitpunkt des Engagements von Boddiens um eine Nachfolgegesellschaft der „Berlin 2000 Marketing GmbH“. Diese war wiederum kurze Zeit davor in das Desaster um die gescheiterte Bewerbung Berlins für Olympia 2000 verwickelt. Schon 1993 ließ von Boddien als Werbung für seine Schloßmission mit seinem Verein in Berlins Mitte eine Simulation der Fassade in Originalgröße aufstellen. Nach Ansicht des Vereins war das zerstörte Herrschaftshaus einst „das Gravitationszentrum Berlins“. Die noch erhaltenen historischen Gebäude in Berlins Mitte hätten mit dem Schloß „ein unvergleichliches Ensemble Berliner Identität“ gebildet. Laut Satzung ist der Zweck des Vereins, der über ganz Deutschland verteilt regionale „Freundeskreise“ unterhält, „die Förderung des Wiederaufbaus des Berliner Schlosses in weitestgehender Originaltreue seiner Fassaden und Höfe sowie wichtiger historischer Innenräume für Bildungs- und kulturelle Zwecke“. Hierzu wirbt er um Spenden, mit denen auch Architekten- und Bauleistungen finanziert werden sollen, die dann den eigentlich mit dem Bau beauftragten Stellen überlassen werden sollen. Nach eigenen Angaben begann er im Jahr 2004 mit der Spendensammlung und hat es sich zum Ziel gesetzt, 80 Millionen Euro zu erreichen. Bislang sind davon nur rund 25 Millionen Euro eingegangen, 55 Millionen Euro fehlen also noch. Hierzu heißt es auf der Homepage des Vereins: „Angesichts des erheblichen politischen Widerstands gegen das Vorhaben, bei dem alle Register bis hin zur Diskriminierung unserer Arbeit gezogen wurden, sind wir stolz darauf, dieses Ergebnis bereits erzielt zu haben.“ Allerdings wäre es mit dem Einsammeln von 80 Millionen Euro nicht getan. Diese Summe soll zwar für die Rekonstruktion der Fassade ausreichend sein. Hinzu kommen jedoch die laufenden Ausgaben des Vereins, die ebenfalls erwirtschaftet werden müssen. Immerhin betrugen allein die Kosten für dessen Mitgliederbetreuung 2011 320000 Euro, wie aus seinem Jahresabschluß hervorgeht. Für seine Öffentlichkeitsarbeit wandte der Verein im selben Jahr 323000 Euro auf. Personalkosten sind hierbei noch nicht eingerechnet.[1] Insgesamt ergibt sich also eine beachtliche Summe, die der Verein jährlich durch Spenden und Mitgliedsbeiträge zusammenbekommen muß, allein um seinen Betrieb zu sichern. Dennoch spielt der Verein eine große Rolle bei der politischen Legitimation des Neubaus. Denn durch diese Art von bürgerschaftlichem Engagement kann darüber hinweggetäuscht werden, daß der Wiederaufbau des Schlosses keinesfalls von der Mehrheit der Bevölkerung getragen wird. Zumindest war dies noch im Jahr 2010 so, als die Berliner Zeitung am 2. Juni die Ergebnisse einer repräsentativen Umfrage vermeldete, wonach 80 Prozent der Hauptstädter der Meinung seien, „daß angesichts der derzeitigen Haushaltslage von Bund und Ländern auf den geplanten Neubau des Berliner Stadtschlosses verzichtet werden sollte. In Ost und West ist das Stadtschloß dabei gleichermaßen unbeliebt." Seine Befürworter mochten dies allerdings nicht auf sich sitzen lassen. Und so gab der Förderverein seinerseits eine Umfrage in Auftrag, nach deren Ergebnis 70 Prozent der Berlinerinnen und Berliner „hinter dem zur Zeit größten nationalen Kulturprojekt Deutschlands" stünden.[2] Von Boddiens Förderverein ist nicht der einzige Zusammenschluß, der um Spenden für den Neubau wirbt. Auch die „Gesellschaft Berliner Schloß", die nach eigenem Verständnis einen weiter gefaßten Aufgabenbereich hat als die bloße Wiederherstellung der Fassade, bemüht sich darum. Hinzu gesellte sich bis vor einiger Zeit eine merkwürdige „Stadtschloß Berlin Initiative" des hiesigen Rechtsan-

walts Lür Waldmann. Deren Konzept sah eine vollständig privat finanzierte Rekonstruktion durch eine Aktiengesellschaft „Stadtschloß Berlin" vor. Der fertige Bau
sollte sodann als Veranstaltungsort und Hotel dienen.
Eigenen Angaben zufolge habe man bereits „Investoren
gefunden, die das notwendige Kapital bereitstellen".
Das Angebot der Initiative wurde von Bund und Berlin
jedoch ausgeschlagen.

Stiftung als Bauherrin

Die Grundlage für den nun begonnenen Wiederaufbau des Stadtschlosses bildet ein Beschluß des Bun-
destags vom 2. Juli 2002, dem weitere Beschlüsse folgten. Ursprünglich sollte mit dem Bau im Jahr 2010 begonnen werden, was jedoch auf Grund von Sparbemü-
hungen der Bundesregierung verschoben werden mußte.
Bereits im August 2005 wurde vom damaligen Bundes-
bauminister Manfred Stolpe (SPD) sowie Bundestags-
präsident Wolfgang Thierse (SPD) und der Berliner
Stadtentwicklungssenatorin Ingeborg Junge-Reyer
(SPD) die Kurzversion der sogenannten Machbarkeitsstudie zum Schloßneubau vorgestellt. Das eigentliche
Dokument soll rund 1000 Seiten umfassen und wurde
bis heute nicht veröffentlicht. In der Studie wird noch
von Baukosten in einer Höhe von 670 Millionen Euro
ausgegangen, die durch ein komplexes Leasingmodell im
Zuge einer Public Private Partnership über 30 Jahre
finanziert werden sollten. Kritiker warfen der Politik
vor, der Öffentlichkeit wesentliche Informationen vor-
zuenthalten, „um Stimmung für ein Projekt zu machen,
bei dem erhebliche Zweifel bestehen, ob es sinnvoll zu
realisieren ist. (…) Im Ergebnis stellt sich die Frage, ob
bei dem Vorhaben Schloßneubau Kosten und Aufwand

noch in einem gesellschaftlich vertretbaren Verhältnis stehen.“[3] Im Jahr 2007 wurde ein Architekturwettbewerb ausgerufen. 2009 entschied sich die Jury für den Entwurf des Italieners Franco Stella, der sich am ursprünglichen Herrschaftsgebäude orientiert, wonach der Bau an drei Seiten mit einer nachgebildeten Barockfassade umrahmt werden soll. Als Bauherrin und Eigentümerin des Schlosses fungiert die 2009 ins Leben gerufene gemeinnützige „Stiftung Berliner Schloß – Humboldtforum“. Neben dieser Hauptaufgabe bemüht sie sich ebenfalls um die Akquisition von Spenden für den Neubau. Die Stiftungsleitung obliegt Manfred Rettig. Oberstes Entscheidungsgremium ist der Stiftungsrat, dem unter anderem Bundestagsvizepräsident Wolfgang Thierse, der Staatssekretär des Bundesverkehrsministeriums, Rainer Bomba, der Berliner Staatssekretär André Schmitz und die Berliner Senatsbaudirektorin Regula Lüscher angehören. Im Kuratorium, das den Stiftungsrat beraten und unterstützen soll, finden sich so illustre Persönlichkeiten wie der ehemalige Vorstandsvorsitzende der Deutschen Bank, Josef Ackermann, oder der SPD-Kanzlerkandidat Peer Steinbrück. Nach Angaben der Stiftung sollen die Arbeiten an der Bodenplatte noch in diesem Jahr beendet werden. Das Richtfest soll 2015 begangen werden. Spätestens Anfang 2018 ist der Bau soweit fortgeschritten, daß mit dem Einzug der für das Humboldtforum vorgesehenen Museen begonnen werden kann. Die Eröffnung soll Mitte des Jahres 2019 stattfinden. Mit den Rohbauarbeiten wurde im Februar das Unternehmen Hochtief beauftragt. Das sogenannte Humboldtforum sehen die Initiatoren als künftigen „Ort der Weltkulturen“, an dem „Wissensproduktion und -vermittlung“ stattfinden sollen. An der Ausgestaltung des Forums sind die Stiftung Preußischer Kulturbesitz bzw. das unter ihrem Dach angesiedelte Ethnologische Museum sowie das Museum für Asiatische Kunst, die Humboldt-Universität und die Zentral- und Landesbibliothek beteiligt. Zusätzlich zu dieser angedachten Bildungsfunktion soll das Humboldtforum mit Veranstaltungsräumlichkeiten und Gastronomieangeboten als „kultureller Treffpunkt" dienen.

Kostensteigerung vor Baubeginn

Ursprünglich lag die Kostenobergrenze für den Prunkbau trotz der oben erwähnten „Machbarkeitsstudie" bei 552 Millionen Euro. Doch schon bevor überhaupt ein Spatenstich getan war, stiegen die veranschlagten Baukosten. Und so beschloß der Haushaltsausschuß des Bundestages im Juli 2011 die Erhöhung der Kostenobergrenze um 38 Millionen Euro. Einzig die Linksfraktion stimmte im Bundestag gegen diese Erhöhung. Zuvor hatte sich die im Bundesland Berlin mitregierende Partei Die Linke zwar einerseits kritisch zum Wiederaufbau des Schlosses verhalten, andererseits bewies sie mit der ihr eigenen Fähigkeit zur Dialektik, daß man gleichzeitig für und gegen ein solches Projekt sein kann: Indem man das Wort „Stadtschloß" möglichst vermied und statt dessen lieber vom Humboldtforum sprach – auch wenn das Resultat dasselbe ist. „Kein Zweifel, das Humboldtforum ist das wichtigste nationale Kultur- und Wissenschaftsprojekt des vereinten Deutschlands und nach der Ansiedelung von Parlament und Regierung im Spreebogen überdies auch das wichtigste städtebauliche Projekt in der Hauptstadt", betonte der Linke-Abgeordnete Thomas Flierl in der Debatte des Abgeordnetenhauses am 26. April 2007. Ihre „parlamentarische Bereitschaft zur Mitfinanzierung" wollte die Berliner Linksfraktion allerdings „vom Konzept abhängig" machen.[4] Insgesamt soll der Bau nun 590 Millionen Euro kosten. Hierzu steuert der Bund 478 Millionen Euro bei, das Land Berlin finanziert 32 Millionen Euro. Hinzu kämen die vom Förderverein zu sammelnden privaten Spenden für die Rekonstruktion der historischen Fassaden in einer Höhe von 80 Millionen Euro. Bei der Spendenakquise wurde zwischen der Stiftung und dem Förderverein nach Aussagen von Boddiens Arbeitsteilung vereinbart. Demnach kümmert sich der Förderverein um das „Massengeschäft", wohingegen die Stiftung sich um Großspender bemühe.[5] Als seinen bisherigen Beitrag gibt der Förderverein an, daß die Stiftung bereits rund 40 Prozent der benötigten Vorlagen für die Fassade von ihm übernommen habe, was einem zweistelligen Millionenwert entspräche. Zudem habe er „auch schon Millionenbeträge an die Stiftung in Geld" überwiesen. Ob die benötigten privaten Spendengelder wirklich zusammenkommen werden, war zumindest dem Berliner Senat Ende letzten Jahres nicht klar. In der Antwort auf eine kleine Anfrage der Piratenfraktion heißt es hierzu: „Der aus Spenden zu erbringende Finanzierungsanteil für die historischen Fassaden wird in voller Höhe erst mit sichtbarem Baufortschritt erwartet." Nach Angaben des Senats ist es aber immerhin vertraglich zwischen dem Bund und ihm geregelt, daß „das Land Berlin keine Mehrkosten aufgrund steigender Baukosten oder wegen ausbleibenden Spendenaufkommens trägt". Auch Bundesverkehrsminister Peter Ramsauer hofft in der *Berliner Morgenpost* vom 4. Juni 2013 auf einen steigenden Spendeneingang, sobald nach Beginn des Baus „das Schloß sichtbar wird".

Da es demnach mit der Spendenakquise zur Zeit wohl noch etwas holpert, war man – glaubt man in der „Hauptstadtpresse" kolportierten Meldungen – auf seiten der Stiftung dann doch sehr erleichtert, als sich im März dieses Jahres ein angeblich anonymer Spender dazu bereiterklärte, einen Großteil der Kosten für die Nachbildung der historischen Dachkuppel zu tragen. Denn – das meint zumindest Stiftungsrat Wolfgang Thierse – ein Schloß ohne „historische" Kuppel sei ein „Schaden für Deutschland", wie er im Juli 2011 gegenüber der Nachrichtenagentur dpa betonte. Was hingegen bisher problemlos zu funktionieren scheint, ist das an den Schloßaufbau angedockte und weithin sichtbare Projekt Humboldt-Box. Diese wurde am 29. Juni 2011 eröffnet. In dem Übergangsbau soll über die geplante „historische Fassade" des Schloßneubaus sowie das Humboldtforum informiert werden. Wozu es für solch einen Kultur- und Museumsstandort eine barocke Fassade braucht, konnte von den Schloßverfechtern bislang allerdings nicht schlüssig erklärt werden. Der Förderverein beteiligt sich hier mit einer Ausstellung. Bei der Eröffnung der Box bedauerte der Berliner Kulturstaatssekretär André Schmitz (SPD), daß eine öffentliche Finanzierung nicht bewerkstelligt werden konnte. Gleichzeitig lobte er die Art von privater Informationsvermittlung per Infobox als „demokratische Errungenschaft in der deutschen Baukultur", da sie als „Manifest der Transparenz" die Anteilnahme der Öffentlichkeit am entstehenden Schloßbau ermöglichen würde. Die Humboldt-Box hat allerdings nichts mit dem Wiederaufbau des Schlosses zu tun – zumindest nicht finanziell. Sie firmiert als ein Projekt der Humboldt-Box Projekt GmbH & Co KG mit Sitz in Neuss. Unter derselben Adresse residiert die Megaposter GmbH, die auch über dieselbe Telefonnummer wie die Humboldt-Box Projekt GmbH erreichbar ist. Das Unternehmen ist spezialisiert auf großformatige Werbeplanen. Es gibt als Referenzen u.a. die „Verhüllung des Brandenburger Tores mit kreativen Werbemotiven" während dessen Sanierung sowie eine ähnliche Maßnahme bei der Sanierung des Charlottenburger Tores an, die sie als „öffentlich-private Partnerschaft" mit der Stiftung Denkmalschutz Berlin verwirklicht hatte. Finanziert wurde die Humboldt-Box ursprünglich durch den Eigentümer der Megaposter GmbH, Gerd Henrich, sowie den Vorstandsvorsitzenden der Ströer Out-of-Home Media AG, Udo Müller. Zusammen mit den Eintrittspreisen sowie den Erlösen aus vermieteten Werbeflächen an Absperrung und Gerüst der künftigen Schloßbaustelle soll sich der Bau der Humboldt-Box tragen. Nach Aussage von Henrich ist Müller mittlerweile nicht mehr an der Finanzierung beteiligt: „Invest und Risiko verbleibt nunmehr alleine bei der Familie Henrich." Während also die privaten Betreiber der Humboldt-Box so kalkulieren müssen, daß ihr Risiko möglichst klein bleibt, ist man, was dies angeht, auf seiten der Schloßstiftung eher großzügig. Laut Stiftungsratsmitglied Thierse sollten für den Bau zwar so viele Spenden wie möglich eingeworben werden. Funktioniere dies nicht, müsse eben notfalls der Staat einspringen: „Ich kann mir nicht vorstellen, daß die Bundesrepublik die vollständige Realisierung des größten Kulturprojekts ihrer Geschichte an ein paar Millionen scheitern läßt", sagte er in der oben erwähnten Stellungnahme für die dpa. Wenn es um Prachtbauten geht, sitzen die öffentlichen Millionen offenbar recht locker. Solch freigiebiges Verfügen über öffentliche Mittel wurde von den Berlinern jedoch nicht immer widerspruchslos hingenommen. Als ihnen seinerzeit das Treiben des Kurfürsten Friedrich II. zu bunt wurde und er ihnen auch noch ein Gelände am Spreeufer des damaligen Cölln (heute Berlin-Mitte) abknöpfte, um darauf eine Burg – den Vorgängerbau des späteren Stadtschlosses – zu errichten, besetzten sie 1448 kurzerhand das Berliner Rathaus und setzten den Bauplatz unter Wasser. Dieser Vorgang ging als „Berliner Unwille" in die Geschichtsbücher ein. Der Wutbürger, der bei unsinnigen Projekten auf die Barrikaden steigt, ist also keine neuzeitliche Erfindung – und der heutige kann von seinen Vorfahren durchaus noch etwas lernen.

Anmerkungen:

[1] Jahresabschluß 2011 des Fördervereins Berliner Schloß e.V., S. 9

[2] berliner-schloss.de/humboldt-box-links/meinungsumfragen-zum-schloss (Stand: 8.6.2013)

[3] Philipp Oswalt/Ulrike Steglich (Urban Catalyst): Analyse der immobilienökonomischen Machbarkeitsstudie zum Neuaufbau des Schloßareals Berlin, Fassung vom 12.12.2005, S. 9

[4] Abgeordnetenhaus von Berlin, Plenarprotokoll 16/10 vom 26. April 2007, S. 787

[5] Protokoll der Jahresmitgliederversammlung des Fördervereins Berliner Schloß e. V. am 24. Juni 2011

Junge Welt 12. Juni 2013

Schlechte Nachrichten

Die RBB-Abendschau entdeckt den „Bettler" als Zielscheibe für ihre kleinbürgerlichen Ressentiments

In einer Stadt wie Berlin, wo allenthalben von Politikern und Lokaljournalisten zu hören ist, dass sie eine der „spannendsten Metropolen" der Welt sei, möchte man eigentlich meinen, es trügen sich allerhand metropolenmäßige Begebenheiten zu, die den Stoff für Nachrichten aus Politik, Kultur, Wissenschaft und Gesellschaft lieferten. Dem mag auch tatsächlich so sein – dumm nur, dass die „Hauptstadtnachrichten" davon nichts mitbekommen. Oder, schlimmer, vielleicht bekommen sie es mit, sehen sich aber nicht im Stande, solche Stoffe zu verwerten. Und so dümpelt die tägliche Abendschau im Regionalsender RBB für gewöhnlich zwischen politjournalistischen Häppchen, Berlin-Reklame und ausladenden Tageswetter-Beschreibungen umher. Manchmal passieren auch besondere Sachen. Zum Beispiel ist irgendein „Star" auf Berlinbesuch. Der wird dann stilsicher auf dem roten Teppich abgefangen und gefragt, wie er Berlin findet. Leider sind die Stars nicht ehrlich genug, um zu sagen „Keine Ahnung, ich kenne nur den Flughafen", sondern sagen Sachen wie „I love Berlin, it´s wonderful" und der Abendschaureporter übersetzt souverän: „Er liebt Berlin, es ist einfach eine klasse Stadt!" Wenn an einem Tag aber keine Stars über Teppiche laufen und auch sonst weder Baumarkteröffnungen noch Straßenfeste stattfinden, gerät die Abendschau-Redaktion ins Grübeln. Dies allerdings nur kurz und schließlich wird der rasende Reporter Ulli Zelle, ein Inbegriff von SFB-Biederkeit, irgendwo hingeschickt, um irgendwelchen Leuten auf der Strasse Fragen zu irgendeinem Thema zu stellen. Sowas heißt dann zum Beispiel „Reportage Alexanderplatz" – so wie in der Sendung vom 17. Juni. Thema der „Reportage" war, dass es am Alexanderplatz „nicht schön" aussieht, obwohl „viel Geld" investiert worden sei. Allerdings ging es in dem Filmchen weder um verfehlte Stadtplanung noch um fragwürdigen Architektur-Populismus. Nein, es ging höchst investigativ darum, dass am Alex „Bettler" rumstehen. Und weil Differenzierungen unnötige Denkarbeit sind, meinte Ulli Zelle mit „Bettler" eben einfach irgendwie alles: Devotionalienhändler, Handy-Tarif-Anbieter, Drückerkolonnen eines Umweltverbandes, Musiker und Straßenzeitungs-Verkäufer. Also hauptsächlich Leute, die nicht betteln, sondern ihrem Tagwerk nachgehen. Und die nicht dort stehen würden, gäbe es nicht bei anderen Leuten Nachfrage nach solchem Krempel. Aber was schert das die Abendschau. Hauptsache, Ulli Zelle kann als Sprachrohr „genervter Passanten" auftreten und diese gegen „die Bettler" pöbeln lassen. Es ist schon eine gewisse journalistische Einfalt notwendig, um einen Beitrag über Alexanderplatz-Architektur und Krempel-Anbieter zu drehen und gleichzeitig kleinbürgerliche Ressentiments gegen eine Bevölkerungsgruppe zu transportieren, die in dem Film nur ganz am Rande vorkommt: „Die Bettler". Und weil ja arme Menschen keiner sehen will, empfiehlt uns Ulli Zelle „schnell rüber" über den Alex – nicht nur aber auch wegen der Bettler. Aber vielleicht machen die ganzen Krempel-Anbieter, die Herr Zelle „Bettler" nennt, auch selbst etwas falsch: Würden sie nicht auf dem Alex rumstehen, sondern zum Beispiel auf einem Bratwurst-Fest – Ulli Zelle käme vorbei und würde über die „tolle Stimmung" und die „tollen Angebote" berichten und

Passanten befragen, ob sie das alles auch toll fänden.
Und klar, sie fänden es toll...

motz 14/2010

Der Unermüdliche

Dem Politikprofessor und linken Aktivisten Peter Grottian zum 70.

Er ist so gar nicht professoral. Er organisiert sich mit einem iPhone und einer Art Terminkalender, der sich in einer überbordenden Lederkladde voll von Adressen, Telefonnummern, Notizen und Textentwürfen verbirgt. Ein Büro an der Freien Universität Berlin hat er nach wie vor, aber oft dienen Tische in den Cafés der Republik als Schreibtisch. Denn Peter Grottian ist meistens mit dem Zug oder dem verbeulten Auto unterwegs – zu Vorträgen, Tagungen, Demonstrationen oder Aktionen. Und egal, wo und woran er gerade ist, immer schon strickt er am nächsten Aufruf, an der nächsten Aktion, entwirft illusorische und realistische Projekte und ist am „zündeln“, wie er es gern nennt. Manchmal wird aus dem Konzipierten nichts. Und manchmal springt der Funke über. Dann werden Banken von Studierenden besetzt, dann spazieren 3000 Menschen zu den Villen von korrupten Politikern und Bankern im Berliner Nobelviertel Grunewald, oder Prominente übernachten in besetzten Häusern, um diese vor der Räumung zu schützen. Oft kommt dann die Polizei. Doch Peter Grottian hat den anderen Aktivisten vorher Mut gemacht und erklärt, daß der Strafbefehl über 120 Euro nun mal dazugehört und daß, wer sich das nicht leisten kann, per solidarischer Umverteilung nicht auf den Kosten sitzen bleiben wird. Im Zweifelsfall kommt er selbst für diese Kosten auf. Die Strafbefehle, die ihm selbst schon ins Haus flatterten, hat wohl nur sein Anwalt gezählt.

Er hat aus Protest gegen die Abschaffung des Sozialtickets in Berlin zum „Schwarzfahren" aufgerufen. Er demonstrierte innerhalb der Bannmeile gegen den Verkauf der Berliner Sparkasse und stiftete im Zuge der Finanzkrise zu symbolischen Banküberfällen an. Der zivile Ungehorsam ist für ihn das „Salz in der oft öden Suppe der Demokratie". Das sagt er auf einem langweiligen Plenum, das schreibt er in Gastbeiträgen für bürgerliche Zeitungen, das ruft er laut in die Mikrofone bei kleinen und großen Kundgebungen. Überhaupt: Groß oder klein, das ist für ihn kein Maßstab. Er trifft sich mit Parteivorsitzenden, Bundestagsabgeordneten, Gewerkschafts- oder Kirchenfunktionären genauso wie mit Studierenden, Aktivisten oder Einzelgängern – es geht ihm immer um die Sache. Und er kann auch allen gleichermaßen auf die Nerven fallen. Weil er sich nun mal keiner Partei oder Organisation so richtig verpflichtet fühlt, äußert er sich abseits der jeweiligen Gepflogenheiten mitunter recht deutlich. Dann legt er sich nach dem Bankenskandal mit der SPD-gesteuerten Berliner Linkspartei an, dann spricht er der SPD am Rande ihrer Parteitage das Sozialdemokratische ab und wirft ATTAC die Hasenfüßigkeit vor, die diesen Verein von Grund auf auszeichnet. Oder er ruft Tausende applaudierende Gewerkschafter zur Besetzung von Landtagen auf, während die auf derselben Bühne stehenden Gewerkschaftsbosse betreten in den Horizont starren.

Man sollte ob dieser Fülle an Aktivitäten nicht meinen, er nähme seine Aufgaben als Hochschullehrer deshalb weniger ernst. Er gehört zu den Lehrkräften am Otto-Suhr-Institut (OSI), die die Prüfungsstatistik bei Diplomen und Promotionen kräftig nach oben drehen. Aber: Peter Grottian war immer einer derjenigen, die den Ruf des OSI als Ort selbständiger, kritischer Politikwissenschaft bewahren wollten. Dazu entwarf er Konzepte, dazu bestreikte und besetzte er zusammen mit Studierenden das Institut – in wie vielen Semestern er sich auf diese Weise einbrachte, kann wohl nicht mal er selbst sagen. Daß ausgerechnet diese mittlerweile stromlinienförmige Einrichtung Peter Grottian ihre gute Statistik mit verdankt, ist eine historische Ironie. An diesem Wochenende wird Peter Grottian 70 – fest und klar und heiter. Trotz alledem!

Junge Welt 26. Mai 2012

Versager und Profiteure

Finanzdienstleister sind mitverantwortlich für die aktuelle Krise. Trotzdem verdienen sie heute Unsummen als Kontrolleure und Berater des Staates

Im Herbst letzten Jahres konnte es der Bundesregierung nicht schnell genug gehen, ein „Rettungspaket" für die selbstverschuldet in Not geratenen deutschen Banken zu schnüren. Damit sollte, so Bundeskanzlerin Angela Merkel in einer Regierungserklärung, „Schaden vom deutschen Volk" abgewendet werden. Die Bankenrettung sei ein erster Schritt zu einer „neuen Finanzmarktverfassung" und begründe „Strukturen für eine menschliche Marktwirtschaft im 21. Jahrhundert". Ob die Marktwirtschaft nun menschlicher geworden ist, wollen wir hier nicht beurteilen. Wir können aber mit Sicherheit sagen, daß sich an der Verfaßtheit des Finanzmarktes nicht viel geändert hat. Außer, daß kriselnden Banken reihenweise Bürden von den geplagten Schultern genommen wurden. Dies ist kein neuartiges Vorgehen, sondern fand bei anderen Bankenkrisen auch schon statt. Wohl auch deshalb wurde das Rettungspaket auf den Namen „Finanzmarktstabilisierungsgesetz" getauft – hier soll nicht Neues entstehen, sondern Altes stabilisiert werden. Und auch etwas anderes funktioniert so stabil wie eh und je: das Zusammenspiel von Versagern und Profiteuren: Die Akteure, denen die Banken ihre Krise mitverdanken, stehen nach wie vor auf ihrem Posten. Und so mancher schlägt mehr Kapital für sich heraus als vorher.

Schon beim Rettungspersonal der Bundesregierung wird dies ersichtlich. So wird die Geschäftspolitik der „Finanzmarktstabilisierungsanstalt", die zusammen mit dem „Sonderfonds Finanzmarktstabilisierung" das Resultat des Bankenrettungspakets ist, von einem Lenkungsausschuß bestimmt. Dieser wiederum wird vom Staatssekretär im Bundesfinanzministerium Jörg Asmussen geleitet. Asmussen war in seiner Zeit als Ministerialdirektor im selben Ministerium ein großer Werber für ABS-Produkte – also jener forderungsbesicherten Wertpapiere, die ursächlich für die gegenwärtig zerplatzende Blase des Finanzmarktes sind und die in der Folge zahlreiche Banken ins Taumeln brachten. In einem Aufsatz verwies Asmussen 2006 auf ein Gutachten der Unternehmensberater der Boston Consulting Group (BCG), das diese bereits 2004 im Auftrag des Finanzministeriums erstellt hatten.[1] Darin ist zu lesen, daß das Finanzministerium an der Förderung des deutschen ABS-Marktes interessiert sei und sich deshalb der Hilfe der Unternehmensberater bediene. Die von der BCG angeregten rechtlichen Lockerungen wurden nach und nach umgesetzt. Dennoch warnte Asmussen 2006 noch vor „unnötigen Prüf- und Dokumentationspflichten".[2] Als Mitglied im Gesellschafterbeirat der Lobbyorganisation True Sale International warb er ebenfalls für die Ausweitung des ABS-Marktes, und als zeitweises Mitglied im Aufsichtsrat der Mittelstandsbank IKB hätte er eigentlich mitbekommen sollen, was passiert, wenn man unvorsichtig mit solchen Papieren spekuliert. Nichtsdestotrotz gilt Asmussen heute als einer der großen Lenker bei der „Stabilisierung" des Finanzmarktes.

Doch nicht nur Asmussen ist ein Beweis dafür, daß die staatlichen Akteure an der jetzigen Bankenkrise Mitschuld tragen. Eine Personalie, die bei jeder Bankenpleite der letzten Jahre in Erscheinung tritt, deren Position jedoch nie in Frage gestellt wurde, ist Jochen Sanio, Chef der Bundesanstalt für Finanzdienstleistungsaufsicht (BaFin) und damit der oberste Bankenaufseher der Republik. Sanio und seine BaFin zeichnen sich in ihrer Aufsichtstätigkeit dergestalt aus, daß sie entweder nichts mitbekommen oder zu spät kommen und dann tunlichst die Klappe halten, um den Finanzmarkt nicht aufzuschrecken. Wie genau die BaFin arbeitet, weiß nur sie selbst, da sie größten Wert auf Verschwiegenheit legt.

Es kommt aber hin und wieder vor, daß das Versagen der BaFin öffentlich eingehender thematisiert wird. So zum Beispiel im parlamentarischen Untersuchungsausschuß zu den Vorgängen um die Bankgesellschaft Berlin. Diese galten seinerzeit als der größte deutsche Bankenskandal. Zwar haben allgemein die ermittelnden Abgeordneten regelmäßig damit zu kämpfen, daß die Mitarbeiter der BaFin keine Aussagegenehmigung vom Bundesfinanzministerium bekommen und wenn doch, sie nur in nicht öffentlichen Sitzungen auf wesentliche Dinge eingehen dürfen. Dennoch läßt sich aus den kargen Informationen herauslesen, wie sträflich naiv die BaFin ihre Aufgabe schon immer verstand. So sagte die Mitarbeiterin der BaFin Carmen Koberstein-Windpassinger in ihrer Vernehmung vor dem Berliner Bankgesellschafts-Untersuchungsausschuß am 21. Juni 2002 aus, daß ihre Behörde sich die von den Wirtschaftsprüfern testierten Jahresabschlüsse der Banken anschaue und dann, falls dort Probleme aufgezeigt würden, reagiere. Dies geschehe in Form von Sonderprüfungen, die die BaFin wiederum bei einer Wirtschaftsprüfungsgesellschaft in Auftrag gebe. Die Voraussetzung dafür, daß die staatliche Bankenaufsicht eingehender tätig wird, sind nach dieser Aussage also Hinweise der Wirtschaftsprüfer, bei denen wiederum vorausgesetzt werden muß, daß sie ihre Berichte kompetent und vollständig abfassen. Daß dies bei der Bankgesellschaft Berlin nicht der Fall war, beklagte die Zeugin dann in nicht öffentlicher Sitzung.[3] Dabei stellte sich auch heraus, daß die BaFin seit Ende der 90er Jahre über mögliche sich anbahnende Probleme bei der Bankgesellschaft informiert war.[4] Als die Bankgesellschaft 2001 gegen die Wand gefahren war, reiste Sanio nach Berlin und verlangte deren Rettung. Der damalige Finanzsenator Peter Kurth soll vor dem Untersuchungsausschuß ausgesagt haben, daß Sanio unbedingt am damaligen Bankchef Wolfgang Rupf festhalten wollte, um damit Beständigkeit zu signalisieren.

Ein ähnliches Spiel trieben Sanio und seine Truppen auch bei der Hypo Real Estate (HRE). Daß der Immobilienfinanzierer in Schwierigkeiten steckte, war schon Monate vor seinem Zusammenbruch im Herbst 2008 ersichtlich. Die BaFin schwieg bis zuletzt, und als die HRE am Boden lag, schrieb sie einen Brandbrief an den Finanzminister und verlangte ihre schnelle Rettung. Bei der SachsenLB hatte die BaFin zwar Sonderprüfungen eingeleitet, dummerweise ließ sie die Geschäfte der irischen Tochtergesellschaften nicht prüfen. Diese sorgten 2007 für den Beinahezusammenbruch der Bank. Es bleibt abzuwarten, was die Untersuchungsausschüsse zur SachsenLB und zur HRE zur Rolle der BaFin herausfinden. Wahrscheinlich wird sich zeigen, daß die Aufsicht seit dem Berliner Bankenskandal nichts dazugelernt hat. Klar ist bislang nur, daß die BaFin nach wie vor auf die Aussagen von Wirtschaftsprüfungsgesellschaften vertraut und diese auch mit Prüfungsaufträgen versieht.

Wirtschaftsprüfer versagen

In Deutschland sollen die Wirtschaftsprüfer darüber wachen, daß die Banken ihre Bücher ordentlich führen. Weiterhin testieren sie die Jahresabschlüsse und sind verpflichtet – so die Theorie –, auf eventuelle Risiken hinzuweisen. Im Paragraphen 43 der Wirtschaftsprüferordnung ist nachzulesen, daß der Prüfer seine Aufgabe „unabhängig, gewissenhaft, verschwiegen und eigenverantwortlich" auszuüben habe. Die deutschen Bankhäuser vertrauen die Prüfung ihrer Jahresabschlüsse zumeist großen Wirtschaftsprüfungsgesellschaften an. Als die vier relevantesten gelten KPMG, PricewaterhouseCoopers (PWC), Ernst & Young und Deloitte Touche Tohmatsu. Und so kann die kurze Geschichte der aktuellen Bankenkrise auch als Geschichte des Versagens der großen deutschen Wirtschaftsprüfer gesehen werden. In ihrem Bestätigungsvermerk für den Jahresabschluß 2006 der SachsenLB vom 21. März 2007 schrieben die Prüfer von PWC: „Unsere Prüfung hat zu keinen Einwendungen geführt." Im August desselben Jahres mußte ein Notverkauf der SachsenLB an die Landesbank Baden-Württemberg erfolgen, um damit eine Insolvenz zu vermeiden. Bei der HRE bestätigten die Prüfer der KPMG noch im August 2008, daß alles in Ordnung sei. Im September 2008 stand die HRE vor der Pleite. Bei der Mittelstandsbank IKB, die als eine der ersten deutschen Banken in eine Schieflage geriet, prüfte ebenfalls die KPMG. Die Geschäfte, die die IKB im Sommer 2007 zum Kollabieren brachten, ignorierten die Prüfer. Daß danach PWC, die zuvor bei der SachsenLB kläglich versagt hatte, mit einer Sonderprüfung der IKB beauftragt wurde, ist ein Treppenwitz schlechthin. Schon in die Vorgänge um die Bankgesellschaft Berlin war PWC verwickelt und wurde im Nachhinein von der BaFin gerüffelt.

Die großen Wirtschaftsprüfungsgesellschaften halten sich äußerst bedeckt, wenn es um ihre Mitverantwortung bei der Bankenkrise geht. Es bleibt die Frage offen, warum diese offensichtlichen Versager sich ungeschoren aus der Affäre ziehen können und sogar noch höhere Weihen erfahren. Die Bundesregierung setzt mit dem „Gesetz zur Fortentwicklung der Finanzmarktstabilisierung" – also dem Gesetz zur Schaffung von „Bad Banks" – bei der Ermittlung relevanter Werte auf die Mitarbeit von „sachverständigen Dritten", sprich der Wirtschaftsprüfergesellschaften. Daß diese in jede Bankenschieflage verstrickt sind, ist ein systemisches Problem. Wirtschaftsprüfer werden von den Unternehmen bezahlt, die sie prüfen. So ist der Verdacht naheliegend, daß so mancher Prüfer nicht immer ganz genau hinschaut und sich im einen oder anderen Fall mit allzu kritischen Feststellungen zurückhält. Denn welches Unternehmen würde einen Folgeauftrag an einen Prüfer vergeben, der einem andauernd die Geschäftspolitik madig macht. Wenn dann etwas schiefgegangen ist, beginnt der alte Reigen der Verantwortungslosigkeit. Die Vorstände berufen sich auf das Okay der Wirtschaftsprüfer, die Aufsichtsräte auf die Vorstände, deren Handeln ja von den Wirtschaftsprüfern nicht beanstandet worden sei, und die Wirtschaftsprüfer reden sich meistens damit heraus, daß sie in komplexen Firmengeflechten, das Großbanken nun einmal darstellen, auch nicht jedes Detail aufdecken könnten und vertiefend erst tätig werden, wenn ein konkreter Verdacht besteht. Und wenn das Kind schon fast im Brunnen liegt, kommt die staatliche Bankenaufsicht, macht große Augen und beauftragt eine Wirtschaftsprüfungsgesellschaft mit einer Sonderprüfung. Wenn sich nun alle anderen Akteure auf die Aussagen der Wirtschaftsprüfer verlassen, diese aber entweder bei der Kontrolle schlampen oder aus Eigeninteresse nicht allzu kritisch prüfen, ist es nicht weiter verwunderlich, daß einige Banken unkontrolliert ins Wanken gerieten. Durch dieses blinde Vertrauen in private Dienstleister hat sich der Staat selbst zum gelähmten Akteur gemacht, der im Zweifelsfall finanziell aushelfen muß.

Beispiel Freshfields

Doch die Wirtschaftsprüfer sind nicht die einzigen privaten Akteure, derer sich der Staat in der Bankenkrise bedient bzw. die sich des Staates bedienen. Die Prüfer sind ebenso an der Formulierung der Gesetze zur Bankenrettung beteiligt. Ein herausragendes Beispiel stellt hier die Kanzlei Freshfields Bruckhaus Deringer dar. Dabei handelt es sich um eine weltweit agierende Kanzlei, die nach eigenen Angaben 2700 Anwälte im Nahen Osten, den USA, Europa und Asien beschäftigt. In ihrer Reklame heißt es, daß sie „immer wieder neue, außergewöhnliche Lösungen“ zu entwickeln in der Lage ist. Als besondere Referenz gibt Freshfields an, 2005 am Zusammenschluß der italienischen Unicredit mit der HypoVereinsbank beteiligt gewesen zu sein. Dies ist vor dem Hintergrund interessant, als das schwächelnde Immobiliengeschäft der HypoVereinsbank zuvor in eine rechtlich selbständige Aktiengesellschaft namens Hypo Real Estate eingebracht wurde.[5]

Freshfields wirkte im Auftrag der Bundesregierung an der Formulierung des Finanzmarktstabilisierungsgesetzes mit und beriet diese nach eigenen Angaben auch bei der im Gesetz vorgesehenen Einrichtung des Sonderfonds Finanzmarktstabilisierung (SoFFin), also der Geldausgabestelle für notleidende Banken. Freshfields-Anwalt Benedikt Wolfers, früher tätig bei der Treuhandanstalt, gilt in seinem Milieu als ein ausgewiesener Experte im Sparkassenrecht und ist zudem auf juristische Fragen bei der Privatisierung öffentlicher Unternehmen spezialisiert. So war er beispielsweise an der Konstruktion der teilprivatisierten Berliner Wasserbetriebe beteiligt.[6] Das Handelsblatt feierte ihn unlängst als den „Anwalt der Finanzkrise", der die „Rechtsgeschichte fortgeschrieben" habe. Wolfers hat nämlich nicht nur am Finanzmarktstabilisierungsgesetz mitgearbeitet, sondern auch am Finanzmarktstabilisierungsergänzungsgesetz – besser bekannt als das auf die HRE zugeschnittene „Enteignungsgesetz". Mittlerweile gilt er als enger Berater im Dunstkreis von Bundesfinanzministerium und Kanzleramt. In einem Zeitungskommentar zum „Enteignungsgesetz" stellte Wolfers zwar fest, daß generell eine „Privatisierung der Gewinne und Sozialisierung der Verluste" ungerecht sei. Damit meint er allerdings nicht die von ihm mitformulierten Bankenrettungsgesetze. Im Gegenteil, diese würden den Finanzmarkt stabilisieren und deshalb dem Allgemeinwohl dienen.[7] Auf solche etwas exotisch anmutende Ideen muß nicht weiter eingegangen werden. Zu wessen Wohl all dies dient, ist klar: dem der Kanzlei Freshfields Bruckhaus Deringer. Daß die Kanzlei an der Formulierung des Finanzmarktstabilisierungsgesetzes mitwirkte, sichert ihr nämlich nun so manchen Folgeauftrag. So gab sie Anfang dieses Jahres bekannt, daß sie die strauchelnde HSH Nordbank „umfassend zu Rechtsfragen im Zusammenhang mit dem Finanzmarktstabilisierungsgesetz“ berate. Hierzu gehöre auch die „Begleitung gegenüber dem Sonderfonds Finanzmarktstabilisierung“. Zu ihren Klienten, die sich bei den Verhandlungen mit dem SoFFin beraten lassen, gehört auch die BayernLB. Hier wurde der Freshfields-Anwalt Wolfers tätig. Zuvor beriet die Kanzlei die Landesregierung von Nordrhein-Westfalen bei der Abschirmung der bei der WestLB angehäuften Risiken. Hieraus resultierte ein EU-rechtliches Beihilfeverfahren, und die EU-Kommission gab im Mai 2009 bekannt, daß sie die Beihilfen für die WestLB zwar genehmige, jedoch im Zuge dessen eine Veräußerung bis 2011 verlange. Wir können davon ausgehen, daß bei diesem Veräußerungsverfahren wiederum Freshfields beratend tätig sein wird.

Juristische Gaunerei in Berlin

Es geht aber auch andersherum: Der SoFFin ließ sich schon 2008 von Freshfields im Zuge der Abstützung der Commerzbank beraten. Auch hier war – wen wundert's –Wolfers Mitglied im Beratungsteam. Daß Freshfields über eine gute Sensorik bei der Akquise von einträglichen Aufträgen verfügt, zeigt ihr Wirken als Berater des Berliner Senats. Hier zog die Kanzlei einen dicken Auftrag samt Folgeaufträgen an Land. Schon als die überwiegend landeseigene Bankgesellschaft Berlin AG (BGB) 1998 mit der NordLB fusioniert werden sollte, ließ sich der Berliner Senat von einem Anwalt der Kanzlei beraten. Die Fusion platzte schließlich, der NordLB soll die Bankgesellschaft mit ihren Risiken aus dem Immobiliendienstleistungsgeschäft nicht geheuer gewesen sein. Als die Bankgesellschaft Anfang 2001 wegen diesem Immobiliendienstleistungsgeschäft vor dem Abgrund stand und der Senat sich für deren hektische Rettung entschied, schrieben die Anwälte von Freshfields einen wegweisenden Text mit dem Titel „Gründe für die Abschirmung des Konzerns BGB AG". Die „Risikoabschirmung" in einer veranschlagten Höhe von bis zu 21,6 Milliarden Euro, die das Abgeordnetenhaus von Berlin mit den Stimmen von SPD und der damaligen PDS durchwinkte, zog ein Beihilfeverfahren der EU-Kommission als absehbare Folge nach sich. Auch in diesem Verfahren beriet Freshfields den Berliner Senat. Als die EU-Kommission die Beihilfen für die Bankgesellschaft genehmigte, aber zur Auflage machte, daß das Land Berlin seine Anteile an der selbigen verkaufen müsse, kam wiederum Freshfields zum Zug. Hier gelang der Kanzlei ein historischer Coup. Durch ein neuartiges Sparkassengesetz wurde es möglich, die öffentlich-rechtliche Berliner Sparkasse, die stets ein Teil der Bankgesellschaft war, als öffentlich-rechtliche Anstalt auch an einen privaten Investor zu verkaufen. Ohne Berliner Sparkasse wäre die Bankgesellschaft wahrscheinlich nicht viel wert gewesen. Daß die Sparkasse nicht tatsächlich privatisiert wurde, ist dem Deutschen Sparkassen- und Giroverband zu verdanken, der einen horrenden Kaufpreis hinblätterte, für welchen er sich allerdings durch die Hintertür vom Land Berlin entschädigen ließ.[8] Daß Freshfields nach Medienberichten auch die Privatbankenlobby beriet, der öffentlich-rechtliche Sparkassen seit langem ein Dorn im Auge sind, ist ein weiteres Detail. Der Einsatz in Berlin und die juristisch möglich gemachte Privatisierung einer Sparkasse zahlte sich für Freshfields aus. So wurde sie von der CDU-geführten hessischen Landesregierung im Zuge der Novellierung des Hessischen Sparkassengesetzes mandatiert. Das Gesetz ermöglicht nun dem jeweiligen Träger der Sparkassen die Bildung von übertragbarem Stammkapital und ist ein erster Schritt zur Beteiligung privater Investoren an öffentlichrechtlichen Sparkassen. Dieses Wirken in Berlin und Hessen könnte massenweise Berateraufträge für Freshfields zur Folge haben. Denn bei den deutschen Landesbanken geht es augenblicklich hoch her. Diese sollen bundesweit neu geordnet und müssen teilweise konsolidiert werden. Derzeit befinden sich einige bereits in Verhandlungen mit der EU-Wettbewerbskommission. Die EU-Kommission wiederum sieht insbesondere im Berliner Modell – verkleinern, Risiken in öffentliche Hände geben, privatisieren – einen gangbaren Weg. Die Berater von Freshfields haben jedenfalls für die nächsten Jahre ausgesorgt. Und auch hier zeigt sich, daß sich der Staat von einer seiner elementarsten Funktionen, nämlich die Regeln in Form von Gesetzen vorzugeben, zugunsten privater Dienstleister längst verabschiedet hat

Private Wirtschaftsprüfer machen die Kontrolle und private Kanzleien machen die Gesetze – indem er dies zuließ, hat sich der angeblich souveräne Staat selbst entstaatlicht. Und dadurch, daß der Staat willfährig und auf Zuruf Gelder an marode Bankhäuser verteilt, macht er sich zum Ausschuß einer überschaubaren Kaste, die lediglich qua Definition als „systemrelevant" verstanden wird. „Krise" bedeutet, glaubt man dem Duden, auch „Wendepunkt einer gefährlichen Entwicklung". Die aktuelle Bankenkrise ist allerdings alles andere als ein Wendepunkt. Vielmehr wird versucht, mit aller Macht das Bestehende zu bewahren – koste es, was es wolle. Um es mit dem bekannten Kölner Wirtschaftsjournalisten Werner Rügemer zu sagen: „In Wirklichkeit hat die neoliberale Wirtschaft unter Führung der Finanzakteure von vornherein auf die Vollkaskomethode gesetzt: volle private Freiheit und volle staatliche Absicherung."[9]

Anmerkungen:

[1] The Boston Consulting Group GmbH, Optimale staatliche Rahmenbedingungen für einen Kreditrisiko-markt/Verbriefungsmarkt für Kreditforderungen und -risiken in Deutschland. Gutachten im Auftrag des Bundesministeriums der Finanzen, 30. 1. 2004

[2] Jörg Asmussen, Verbriefungen aus Sicht des Bundesfinanzministeriums, in: Zeitschrift für das gesamte Kreditwesen 19/2006, S. 10173 Vgl. Handelsblatt vom 26.8.2002

[4] Vgl. ebd.

[5] Vgl. die tageszeitung vom 14.4.2009

[6] Vgl. Alexis Passadakis, Die Berliner Wasserbetriebe. Von Kommerzialisierung und Teilprivatisierung zu einem öffentlich-demokratischen Wasserunternehmen, Berlin 2006, S. 22

[7] Vgl. Handelsblatt vom 12.3.2009

[8] Zum Fall Berliner Sparkasse vgl.: Benedict Ugarte Chacón, Der Verkauf der Berliner Sparkasse. Kritik und Alternativen, Berlin 2006. Zur „Subvention durch die Hintertür" vgl. junge Welt vom 4.7.2008

[9] Werner Rügemer, Verhindert die Bankenrettung!, in: Ossietzky 25/2008

Junge Welt 8. Juni 2009

Simulierte Analyse

Der Berliner Verfassungsschutz legt eine Studie zu linker Gewalt in Berlin vor

Dass der Berliner Verfassungsschutz noch nie die am besten organisierte Behörde des Landes war, erwies sich im Jahr 2000, als nach einer Reihe von Skandalen das damalige Landesamt aufgelöst werden musste. Seitdem arbeitet der Verfassungsschutz als Abteilung der Senatsverwaltung für Inneres. Doch auch in dieser neuen Struktur erwies sich der Geheimdienst nur als bedingt fähig. Erinnert sei zum Beispiel an die verfassungsmäßig höchst fragwürdige Bespitzelung von Professor Grottian und des Berliner Sozialforums. Seine Schnüffeleien begründete der Verfassungsschutz damit, dass er irgendwo irgendwann irgendwelche „Autonomen" in diesem Umfeld gesichtet haben will. Herausgekommen ist bei der großangelegten Aktion nichts - außer der Tatsache, dass weder Verfassungsschutz noch Innensenator irgendeine substantielle Erklärung zu diesen Vorgängen abgeben konnten. Einige von der Bespitzelung betroffene setzen sich derzeit juristisch mit dem Geheimdienst auseinander. Nun liegt es in der Natur der Dinge, dass sich die Arbeit eines Geheimdienstes nicht umfassend beobachten und beurteilen lässt und sich die Öffentlichkeit eben darauf zu verlassen hat, dass in dieser Behörde alles mit rechten Dingen zugeht. So kann die Frage, warum der Verfassungsschutz sich plötzlich genötigt sieht, eilig erstellte Studien zu linker Gewalt vorzulegen, nur mit Spekulation beantwortet werden. An der Zahl der registrierten Gewalttaten kann es nicht liegen, denn im Vergleich zu anderen Delikten bewegen sich diese auf sehr geringem Niveau. Die Studie des Verfassungsschutzes befasst sich mit insgesamt 835 Delikten im Zeitraum von 2003 bis 2008, bei denen Tatverdächtige und/oder Tathintergründe von den Ermittlungsbehörden nach ihrem Bewertungskatalog als „links" eingestuft wurden. Im Vergleich zu den jährlich in der polizeilichen Kriminalstatistik erfassten Delikten ist diese Zahl jedoch marginal. Dies gilt übrigens auch für das Verhältnis von KFZ-Diebstählen (2008: 5256) zu Auto-Brandstiftungen (2009: bis Nov. 280, davon 130 politisch motiviert). Es steht zu vermuten, dass der Verfassungsschutz der gewaltgeilen Berichterstattung einiger Berliner Medien und der Panikmache einiger Polizeigewerkschafter aufsaß, und mit seiner Studie beweisen wollte, dass er nicht weg-, sondern ganz genau hinsieht.

Dabei kommt die Studie „Linke Gewalt in Berlin" mit seriös gehaltenem Vorwort und vielen Zahlen und Diagrammen äußerlich recht wissenschaftlich daher. Allerdings werden nicht einmal die Autoren genannt, was wiederum nicht für eine gewisse Ernsthaftigkeit spricht. Auch ist der Ertrag, den die Studie erbringen will, recht fragwürdig: Sie besteht im ersten Teil in der Referierung von Zahlen, die vom Landeskriminalamt (LKA) erfasst wurden und im zweiten Teil in der Zitierung ganzer Passagen aus diversen Verfassungsschutzberichten zum so genannten Linksextremismus. Dabei bleiben die zwei wesentlichen Fragen von den anonymen Autoren unbeantwortet: Warum kann das LKA seine Zahlen nicht einfach selbst veröffentlichen und wie hängen vom LKA als „links" klassifizierte Gewalttaten mit den vom Verfassungsschutz als „linksextrem" definierten Zusammenschlüssen zusammen? Eine Antwort auf die letzte Frage hätte die Studie wirklich interessant gemacht, da sie ja einen Nachweis für den ständig von Boulevardpresse und konservativen Politikern behaupteten Zusammenhang zwischen linken Zusammenschlüssen und deren „Trefforten" und „linker Gewalt" hätte erbringen können. Doch an diesem einzigen interessanten Punkt scheitern die Autoren auf ganzer Linie. Zusammenstellungen, mit denen die Studie nachweisen will, dass als „links" ausgemachte Tatverdächtige zu einem gewissen Prozentsatz in der Nähe des Tatorts wohnen, sind deshalb einerseits statistische Spielereien und führen andererseits zur Stigmatisierung ganzer Straßenzüge, die in der Studie als „verdichtete Räume linker Gewalt" in bunten Farben dargestellt werden. Und was soll ein sinnvoller Rückschluss sein, wenn man nun angeblich weiß, dass in der Soundso-Straße in Friedrichshain vergleichsweise viele „linke" Gewalttaten stattfinden und im gleichen Postleitzahlenbereich soundsoviele „aktionsorientierte Linksextremisten" wohnen? Diese „Erkenntnis" disqualifiziert sich selbst, da die Daten zu den Taten und Tatorten im Zuge von Ermittlungsverfahren gegen Tatverdächtige erfasst wurden, wohingegen „aktionsorientierte Linksextremisten", die zufällig im gleichen Postleitzahlenbereich wohnen, ja gar nichts mit diesen konkreten Ermittlungsverfahren zu tun haben. Wobei ohnehin nicht klar ist, wie der Verfassungsschutz auf die festgestellten Zahlen zu „aktionsorientierten Linksextremisten" kommt, die in den einzelnen Bezirken wohnen sollen. Die Datengrundlage ist selbstverständlich geheim, was die Verarbeitung von solch nicht nachvollziehbar erbrachtem Datenmaterial aus wissenschaftlicher Sicht nicht unbedingt seriöser macht. Nach Lektüre der Studie bleibt der Eindruck, dass es sich bei ihr um ein mit heißer Nadel gestricktes

Werk handelt, das über eine kreative Zusammenstellung von LKA-Zahlen keinen weiteren Ertrag zeitigt und ebenso vom Polizeipräsidenten in etwas weniger aufgeregter Aufmachung hätte präsentiert werden können. Die hier vom Berliner Verfassungsschutz zusammengestellten Zahlen und Textfragmente sind im Kern eine unnötige Simulation von Analyse.

Senatsverwaltung für Inneres und Sport - Abteilung Verfassungsschutz: Linke Gewalt in Berlin 2003 - 2008, November 2009

motz 07/2010

Privatisierung in Rot-Rot

Regierungskoalition verspricht die Abkehr von der Privatisie-rungspolitik der vergangenen Jahre

Seit einiger Zeit gibt sich die rot-rote Koalition hin und wieder privatisierungskritisch und will in einzelnen Be-reichen sogar das Thema Rekommunalisierung für sich entdeckt haben. Zumindest soll dieser Anschein in den Wahlprogrammen beider Regierungsparteien erweckt werden. Dies mag mit dem für die Landesregierung überraschend deutlichen Dämpfer durch den Volksent-scheid „Unser Wasser" zusammenhängen. Doch trotz verbaler Kehrtwenden gilt hier die biblische Weisheit: „An ihren Früchten sollt ihr sie erkennen." Daher bleibt trotz des Wahlkampfgetöses festzuhalten, dass Rot-Rot den Vorgängerregierungen in Sachen Privatisierung in nichts nachsteht.

Die SPD gibt sich in ihrem „Berlinprogramm 2011-2016" zu Rekommunalisierung auffallend wortkarg. Einerseits kehrt sie heraus, dass sie sich „zum öffentli-chen Eigentum an den Unternehmen der Daseinsvor-sorge" bekenne und dass sie vorhabe, die Daseinsvor-sorge „wieder vermehrt in öffentliche Hände" legen zu wollen. „Das Gemeinwohl muss jederzeit über privatem Gewinnstreben stehen!", so das Credo. Wie diese Politik aber konkret aussehen soll, wird nicht so recht klar. Immerhin ringt sich die SPD zu einer Absichtserklärung durch, die 1999 unter ihrer Finanzsenatorin Annette Fugmann-Heesing privatisierten Anteile der Berliner Wasserbetriebe zurückkaufen sowie die Gas- und Stromnetze rekommunalisieren zu wollen. Zudem soll der kommunale Wohnungsbestand auf 300.000 Wohneinheiten ausgebaut werden. Eine Privatisierung von Wohnungsbeständen lehnt die SPD neuerdings konsequent ab. Die Linke hingegen gibt sich in ihrem Programm „Das soziale Berlin" visionärer. So spricht sie sich grundsätzlich für die öffentliche Kontrolle der Daseinsvorsorge aus und formuliert als Ziel sogar, den kommunalen Einfluss nicht nur sichern, sondern auch zurückgewinnen zu wollen. Dafür sollen „unmittelbare Beteiligungsformen" ausprobiert werden, um eine „qualifizierte Bürgerkontrolle" zu ermöglichen. Ähnlich wie die SPD will sich auch Die Linke für eine Rekommunalisierung der Wasserbetriebe und der Gas- und Stromnetze engagieren sowie ein kommunales Energieversorgungsunternehmen gründen (*MieterEcho* Nr. 345/Februar 2011). Sich selbst bescheinigt die Partei ein „kontinuierliches Eintreten für demokratische und transparente öffentliche Unternehmen – auch über den Horizont einer Legislaturperiode hinaus". Bei so viel Begeisterung für die öffentliche Daseinsvorsorge fragt man sich, warum beide Parteien erst nach zwei Legislaturperioden und wenige Monate vor der Wahl auf solche Ideen kommen. Insbesondere bei der Partei Die Linke stellt sich die Frage, ob sie in den vergangenen Jahren wahrgenommen hat, dass sie an der Regierung beteiligt ist. In der Privatisierungsbilanz von knapp 10 Jahren Rot-Rot muten die neuartigen Absichtserklärungen jedenfalls wie eine Abrechnung mit der eigenen Politik an.

Massenhafter Wohnungsverkauf

Eines der größten Schurkenstücke bleibt wohl die Privatisierung der GSW, der Gemeinnützigen Siedlungs- und Wohnungsbaugesellschaft. So gab Finanzsenator

Thilo Sarrazin (SPD) im Mai 2004 deren Verkauf mit ca. 65.700 Wohnungen und Gewerbeeinheiten für eine Summe von 405 Millionen Euro bekannt. SPD und PDS feierten die Veräußerung als finanzpolitischen Erfolg. Im Bieterverfahren hatte sich ein Konsortium aus dem Whitehall-Fonds der Investmentbank Goldman Sachs und der Investmentgesellschaft Cerberus gegen andere Finanzinvestoren durchgesetzt. Der Senat wies darauf hin, dass sich das Konsortium verpflichtet habe, die sozial- und wohnungspolitischen Ziele der GSW weiterzuverfolgen. So sollte auch zukünftig preiswerter Wohnraum angeboten und auf Luxussanierungen verzichtet werden. Ebenso sollte das Bestands- und Quartiersmanagement „erhalten und intensiviert" werden. Völlig unklar ist die Kontrolle über die Einhaltung der Verpflichtungen. Ob überhaupt Sanktionen vorgesehen sind, falls sich die Investoren nicht an die Vereinbarungen halten, blieb der Öffentlichkeit bisher verborgen. Zudem endet das Entsenderecht des Landes Berlin in den Aufsichtsrat der GSW im nächsten Jahr. Der Privatisierungsvertrag wird entgegen aller Beteuerungen zu mehr Transparenz nach wie vor geheim gehalten. Jedenfalls erklärte der Senat bereits 2004, wohin es mit der GSW gehen solle: „Sie wird mit Hilfe des immobilienwirtschaftlichen und finanziellen Know-hows der Erwerber zu einem leistungs- und wettbewerbsfähigen Betrieb weiterentwickelt, der über die Stadtgrenzen hinaus tätig werden und Partnerschaften eingehen soll." Übersetzt heißt das: Rendite machen, vor allem auf Kosten der Mieter/innen. Eine weitere Vereinbarung zwischen Senat und Investoren sah vor, dass letztere die GSW-Anteile mindestens 10 Jahre halten sollten. Allerdings ließen sich die Geschäftspartner ein Hintertürchen offen. Aus einem internen Argumentationspapier, das

Finanzsenator Ulrich Nußbaum (parteilos) für die Sitzung der SPD-Fraktion am 25. März 2010 anfertigte, geht hervor, dass nach § 9.1 des Privatisierungsvertrags „jede Verfügung über Geschäftsanteile bis 2014 der Zustimmung des Landes Berlin" bedarf. Die Investoren können also ihre GSW-Anteile weiterveräußern, wenn sie eine Zustimmung des Landes Berlin haben. Am 4. Januar 2010 stellten sie einen Antrag auf Zustimmung zum Börsengang, im April 2010 beschloss das Abgeordnetenhaus mit den Stimmen von SPD, Die Linke und FDP, die Zustimmung zu erteilen (*MieterEcho* Nr. 340/Mai 2010). Auch wenn sich der Start an der Börse verzögerte und erst im Frühjahr 2011 erfolgte, hat die rot-rote Privatisierungspolitik Tausende Wohnungen zu Spekulationsobjekten gemacht. Der SPD-Fraktionschef Michael Müller feierte 2004 die Privatisierung im *Tagesspiegel* als „politisches Projekt". Dahingegen verwies der damalige wohnungspolitische Sprecher der PDS-Fraktion Michail Nelken ungewollt auf die Überflüssigkeit seiner Partei, die den Verkauf bedingungslos mitgetragen hatte: „Der Verkauf der GSW ist wohnungspolitisch nicht vernünftig. Er ist an sich nicht mal fiskalisch besonders schlau. Dies sieht die PDS auch heute noch so."

Verzicht auf Steuerungsinstrumente

Beim Verkauf der Gewerbesiedlungsgesellschaft (GSG) hatte Rot-Rot ebenfalls kurzfristige finanzielle Erfolge im Blick. Bei der GSG handelt es sich um eine Gesellschaft, die 1965 vom Land Berlin, der Handwerkskammer und der Industrie- und Handelskammer (IHK) gegründet wurde. Ihr Ziel war die Entwicklung und Vermietung preiswerter Gewerbeflächen vor allem an kleine und mittelständische Unternehmen. Zum Zeitpunkt ihres Verkaufs im Jahr 2007 verfügte die GSG über 750.000 qm Gewerbefläche. Zuvor hatte eine Tochtergesellschaft der damals noch zur Bankgesellschaft Berlin gehörenden Investitionsbank Berlin (IBB) die Anteile an der GSG sechs Jahre lang gehalten. Im Zuge der Umstrukturierung und des späteren Verkaufs der Bankgesellschaft (siehe unten) wurde die IBB zur eigenständigen Förderbank des Landes Berlin. Nach dem Bankenskandal im Jahr 2001 hatte die IBB mit einer schwachen Eigenkapitalbasis zu kämpfen, weshalb sie selbst die Veräußerung der GSG befürwortete. Auch Wirtschaftssenator Harald Wolf (Die Linke) war für den Verkauf, und auf seine Vorlage hin einigte sich der Senat im März 2007 auf die Privatisierung. Vorausgegangen war ein koalitionsinterner Konflikt: Wolf hatte einen Verkauf schon für 2005 vorgesehen, die SPD machte ihm allerdings einen Strich durch die Rechnung. Auch kurz vor der Einigung im Senat sah die SPD noch grundsätzliche Fragen zur Verwendung des Verkaufserlöses ungeklärt. Schließlich einigten sich die Senatsparteien darauf, den Erlös von rund 308 Millionen Euro zwischen IBB und Landeshaushalt aufzuteilen. Als Käufer fand sich ein Konsortium aus der Luxemburger Orco Property Group und dem Morgan Stanley Real Estate Fund. Der Deutschland-Chef der Orco gab sogleich bekannt, dass er auf das eingesetzte Kapital eine Rendite von 6% erzielen wolle. Mit dem Verkauf der GSG brachte Rot-Rot das Land Berlin um ein stadtentwicklungspolitisches Steuerungsinstrument, um kurzfristig die IBB und den Landeshaushalt zu entlasten. Die Kritik wurde laut, dass mit der kurzsichtigen Privatisierung gerade die auf preiswerte Mieten angewiesenen Existenzgründer/innen und kleine Unternehmen, insbesondere aus der Kultur- und Medienwirtschaft sowie dem Kreativbereich, getroffen würden. Diese wischte Wolf mit dem Argument vom Tisch, dass es auch andere günstige – private – Anbieter gäbe.

Verkaufserlös statt sozialer Ausrichtung: Berliner Sparkasse

Der Verkauf der Landesbank mitsamt Sparkasse im Jahr 2007 wird heute von beiden Koalitionspartnern als Erfolg bewertet. Es sei mit dem Verkaufserlös von 4,6 Milliarden Euro gelungen, die von der Bankgesellschaft in den 90er Jahren aufgehäuften Immobilienfondsrisiken, die nach dem Bankenskandal vom Land „abgeschirmt" wurden, zumindest bis jetzt auszugleichen. Der eigentlich werthaltige Teil des Bankkonzerns war die Berliner Sparkasse, weshalb Rot-Rot zur Erzielung eines möglichst hohen Verkaufspreises alles daransetzte, das bis dato Unmögliche möglich zu machen: Den Verkauf einer öffentlich-rechtlich organisierten Sparkasse an einen privaten Investor. Als Rechtfertigung gaben die Senatsparteien an, dass die EU-Kommission, die in der Abschirmung eine unzulässige Beihilfe sah, einen Verkauf der Anteile an der Berliner Landesbank inklusive Sparkasse forderte. Aus dem Auflagenbescheid der EU-Kommission vom 18. Februar 2004 geht solcherlei jedoch nicht hervor. Vielmehr verwies die Kommission in anderem Zusammenhang darauf, dass das Land Berlin in dem mit der Bankgesellschaft ausgehandelten Umstrukturierungsplan eine Veräußerung der Sparkasse vorgesehen hatte und die Kommission diesen Umstrukturierungsplan lediglich genehmigte. Jedenfalls gelang Rot-Rot im Verbund mit auf Privatisierung spezialisierten Rechtsberatern das Kunststück, eine öffentlich-rechtliche Sparkasse unter dem Dach einer Aktiengesellschaft zu erhalten und einen gemeinsamen Verkauf unter anderem an private Investoren zu ermöglichen. Deshalb wurde im Jahr 2005 ein neuartiges Sparkassengesetz geschaffen, das bundesweit als Beispiel für Sparkassenprivatisierungen gesehen werden kann. Dessen unsoziale Ausrichtung wurde ausgerechnet vom Landesvorsitzenden der Partei Die Linke, Klaus Lederer, immer wieder verteidigt. Sein Argument: Gesetzliche Vorgaben zur Gewinnverwendung oder zur Führung eines Girokontos auch für Arme würden nicht dem EU-Recht entsprechen, da das Verkaufsverfahren dann nicht mehr diskriminierungsfrei sei. Diskriminierungsfrei bedeutet, dass kein möglicher Investor durch Hürden oder Bedingungen begünstigt oder von einem Gebot abgehalten werden darf. Man hätte deshalb, so die Schlussfolgerung, das Sparkassengesetz nicht auf einen öffentlich-rechtlichen Bieter zuschneiden können. Auf Anfrage teilte die EU-Kommission allerdings mit, dass es „keinen eindeutig abgegrenzten Begriff von Diskriminierungsfreiheit" gebe, die von Lederer genannten Bedingungen also so gar nicht gegeben waren. Dass schließlich im Sommer 2007 der Deutsche Sparkassen- und Giroverband (DSGV) die Landesbank samt Sparkasse kaufte, verbucht Die Linke in heutigen Stellungnahmen seltsamerweise als ihren Erfolg – was gar nicht sein kann, denn dann wäre der Verkauf ja nicht diskriminierungsfrei abgelaufen. Das Resultat des Sparkassenverkaufs unterscheidet sich aufgrund der Ausrichtung des Sparkassengesetzes jedenfalls nicht wesentlich von dem, das bei einem Verkauf an einen privaten Investor herausgekommen wäre. Denn schließlich muss sich die Investition für jeden Investor rechnen, ob nun Privatbank oder DSGV. Der Senat hatte letztendlich sein Ziel erreicht: Mit einem möglichst investorenfreundlichen Sparkassengesetz wurden zahlungswillige Private angelockt und am Ende konnte er sich darüber freuen, dass der DSGV am tiefsten in die Tasche griff, um eine Privatisierung der Sparkasse zu verhindern.

Stiller Ausverkauf

Weniger öffentlichkeitswirksam, aber nicht unbedeutender, schreitet seit zehn Jahren der stille Ausverkauf öffentlicher Liegenschaften voran. Hierfür bedient sich Rot-Rot des Liegenschaftsfonds, bei dem es sich eigentlich um ein Überbleibsel der Schulden-Verschiebe-Politik von Annette Fugmann-Heesing handelt. Unter ihrem Nachfolger Peter Kurth (CDU) wurde dessen Konzept dergestalt geändert, dass der Fonds angeblich nicht mehr benötigte Grundstücke des Landes entsprechend verwertet. Seit 2001 verfolgt er das Ziel, „die landeseigenen Immobilien einerseits den Marktanforderungen anzupassen und andererseits gewinnbringend zu veräußern", wie es in einer Broschüre zum 10-jährigen Bestehen heißt. Nach eigenen Angaben hat der Liegenschaftsfonds seit 2001 5.500 Immobilien verkauft und damit über 2 Milliarden Euro eingenommen. Kritiker/innen werfen dem Liegenschaftsfonds vor, einer reinen Verwertungslogik zu folgen und an einer nachhaltigen Stadtentwicklung kein Interesse zu haben (*MieterEcho* Nr. 348/Juli 2011).

Politik als Verwaltung von Kostenstellen

Trotz aller gegenteiligen Bekenntnisse vorgeblich linker Parteien bleibt die Erkenntnis, dass es in Berlin keinen Unterschied macht, wer gerade regiert: Die unpolitische Logik, weder auf Nachhaltigkeit noch auf wirtschafts- und sozialpolitische Steuerung zu setzen und Politik als Verwaltung von Kostenstellen zu begreifen, ist bislang in allen Parteien tief verwurzelt.

MieterEcho 349/September 2011

Die Überflüssigen*

Harmlos, farblos und immer treu zur SPD. Zehn Jahre Regierungsbeteiligung der Linkspartei in Berlin – eine unvollständige Bilanz des Scheiterns

Mit markig gemeinten Sprüchen zieht die Berliner Linke zur Zeit in den Wahlkampf. „Privat ist Katastrophe", heißt es auf den Plakaten. Oder etwas altbackener: „Mieter vor Wild-West schützen!". Besieht man sich allerdings die Arbeit der rot-roten Landesregierung seit 2002, so muten die neuen Parolen der Linken wie eine Distanzierung von der von ihr jahrelang mitgetragenen Politik an. Die Koalition aus SPD und Linkspartei mag sich selbst in einigen Punkten für erfolgreich halten – doch beging sie auch fatale Fehler, deren soziale und finanzielle Folgen zum Teil noch gar nicht absehbar sind. So gehören zum Beispiel der unüberlegte Ausstieg aus der Anschlußförderung für den sozialen Wohnungsbau, die Privatisierung der Wohnungsbaugesellschaft GSW und die bedingungslose Rettung der zusammenbrechenden Bankgesellschaft im Jahr 2002 in diese Kategorie. Selbstverständlich kann die Linke nicht allein für alle Resultate der „rot-roten" Politik verantwortlich gemacht werden. Sie kann sich aber auch nicht mit den ständigen Hinweisen darauf, man habe sich gegen die SPD nicht durchsetzen können, und es bestünden nun mal „Restriktionen des Handlungsrahmens" (Klaus Lederer), die nicht unterschätzt werden dürften, aus der Verantwortung stehlen. Wer – zumindest verbal – mit einem fortschrittlichen Anspruch in eine Regierung eintritt, darf sich nicht wundern, wenn er an diesem eigenen Anspruch gemessen wird.

Die Entzauberung der PDS begann bereits, kurz nachdem sie in die Regierung gestolpert war. Mit ihrer Zustimmung zur „Risikoabschirmung" für die nahe am Zusammenbruch stehende Bankgesellschaft Berlin machte sie 2002 klar, wohin die Reise gehen sollte. „Rot-Rot" übernahm die Risiken aus geschlossenen Immobilienfonds, die die Bank in den 90er Jahren in einer Art Schneeballsystem aufgelegt hatte, in einer Höhe von bis zu 21,6 Milliarden Euro. Seitdem ist das Land stolzer Verwalter von Wohnungen, Altenheimen, Autohöfen, Einkaufszentren oder Großkinos in ganz Deutschland, deren teilweise zweifelhafte Qualität zu handfesten jährlichen Verlusten für den Landeshaushalt führt. Und dies auf bislang unbestimmte Zeit, da sich entgegen den vollmundigen Versprechen der Koalition bislang kein Käufer für dieses Portfolio fand, der bereit gewesen wäre, auch die Risiken mit zu übernehmen. Daß die damalige PDS sich bereitwillig daran beteiligte, den Zeichnern besagter Immobilienfonds die Rendite auf Kosten des Landes zu sichern und die Mitverantwortung des Koalitionspartners SPD für die Banken- und Haushaltskrise bis heute elegant übergeht, bezeichneten Kritiker schon früh als „politischen Offenbarungseid".[1]

„Sparen, bis es quietscht"

Flankiert wurde die Bankenrettung mit einer angeblich strikten Haushaltskonsolidierungspolitik, die der Regierende Bürgermeister Klaus Wowereit und der unbeliebte, aber bis zuletzt auch von der Linkspartei getragene Finanzsenator Thilo Sarrazin vorgaben. „Sparen, bis es quietscht" war die von Wowereit für die rot-rote Politik ausgegebene Parole. Und es wurde vor allen

Dingen da gespart, wo man meinte, es mit keiner mächtigen Lobby zu tun zu bekommen. Zum Beispiel beim Blindengeld, das die Koalition massiv kürzen wollte, was der damalige Parteivorsitzende Stefan Liebich auf dem Landesparteitag am 6. Dezember 2003 mit dem abstrusen Hinweis zu verteidigen versuchte, daß man als Blinder in Brandenburg ja noch weniger bekäme. Oder beim Sozialticket für den öffentlichen Nahverkehr, das im Januar 2004 abgeschafft wurde, nachdem „Rot-Rot" die öffentlichen Zuschüsse gestrichen hatte. Erst nach heftigen Protesten und „Schwarzfahraktionen" wurde das Ticket Anfang 2005 wieder eingeführt – zu einem Preis von 32 Euro, was von der Linkspartei als „sehr hoher Preis für die Betroffenen" gewertet wurde. Sie versprach, sich für eine Preissenkung auf 18 Euro einzusetzen.[2] Heute kostet das Ticket 33,50 Euro. Nicht nur im sozialen Bereich trug die Linkspartei die Kürzungspolitik mit. Auch Kitas, Schulen und Universitäten blieben nicht verschont. Der damalige PDS-Wissenschaftssenator Thomas Flierl wollte gar den großen Bildungsreformator geben und entwarf hierzu ein merkwürdiges „Studienkontenmodell", bei dem die Studierenden eine gewisse Anzahl an „Credit Points" erhalten sollten, die sie dann hätten „abstudieren" dürfen. Bei einem leerstudierten Konto hätten dann neue „Credits" gekauft werden müssen. Mit dieser Art der Bildungskommerzialisierung sollte zum einen gegen „Langzeitstudierende" vorgegangen und zum anderen – hübsch marktwirtschaftlich – die Konkurrenz der einzelnen Fachbereiche angeheizt werden: „Stark nachgefragte Studiengänge und Fachbereiche erhalten über die Abrechnung eingelöster Credits zusätzliche Mittel im Rahmen einer leistungsbezogenen Vergabe an die Universitäten. Diese können dann zur Verbesserung des

Lehrangebots und der Studienbedingungen eingesetzt werden", heißt es im PDS-Landesinfo vom März 2004. Dieses PDS-Projekt war 2003/2004 Anlaß für heftige Studierendenproteste und brachte Flierl nicht nur eine Torte im Gesicht ein, sondern nach der Besetzung seines Büros durch Studierende auch den von der Boulevardpresse verliehenen Titel „Senator Weichei". Daß während des Parteitags am 6. Dezember 2003 im feinen Hotel Maritim in Berlin-Mitte, bei dem über das Studienkontenmodell debattiert wurde, die Polizei protestierende Studierende von der Straße prügelte, gehört auch zur Chronik der Regierungsbeteiligung der Linkspartei. Unter dem Eindruck der Proteste wurde das Flierl-Modell beim darauffolgenden Parteitag im April 2004 abgelehnt – was der neue Landesvorsitzende Klaus Lederer beim Parteitag im November 2006 dergestalt zum Erfolg umdichtete, daß er verkündete, der Koalitionspartner SPD habe von seiner Partei bislang kein „Bekenntnis" zu Zweitstudiengebühren und Studienkonten bekommen. „Wir haben die überkommenen Strukturen des Schulsystems reformiert", heißt es im aktuellen Wahlprogramm der Linken. Ob damit auch die Abschaffung der Lernmittelfreiheit gemeint ist, die der „rot-rote" Senat Ende Mai 2003 beschlossen hat? Seither müssen sich Eltern mit einem Eigenanteil bis zu 100 Euro am Kauf neuer Schulbücher und ergänzender Arbeitsmittel beteiligen. Auch hier führt die Berliner Linke ihren Anspruch, sich für „ein soziales Berlin" einzusetzen, konsequent ad absurdum.

Wohnungsprivatisierungen en masse

Auch wenn die Berliner Linke sich heute als Mieterschutzpartei zu gerieren versucht, so ist sie doch für zwei weittragende Entscheidungen mitverantwortlich, die die Lage von Tausenden Mietern verschlechtert haben oder verschlechtern werden. Da ist zum einen mit dem Verkauf der Wohnungsbaugesellschaft GSW die größte Wohnungsprivatisierung in der Geschichte Berlins und zum anderen der unbedachte Ausstieg von „Rot-Rot“ aus der Anschlußförderung für den sozialen Wohnungsbau. Rund 65700 Wohnungen und Gewerbeeinheiten der Gemeinnützigen Siedlungs- und Wohnungsbaugesellschaft (GSW) verscherbelte „Rot-Rot“ im Mai 2004 zum Schnäppchenpreis von 405 Millionen Euro an ein Konsortium aus dem Whitehall-Fonds der Investmentbank Goldman Sachs und der Investmentgesellschaft Cerberus. Die Koalition versprach zwar, daß die Investoren die sozial- und wohnungspolitischen Ziele der GSW weiter verfolgen würden. Wie das kontrolliert werden soll, ist allerdings unklar. Auch ob zwischen Land und Investoren Sanktionen bei Nichteinhaltung dieser Abmachungen vereinbart wurden, ist der Öffentlichkeit nicht bekannt. Trotz aller Transparenzversprechen der letzten Jahre ist der Kaufvertrag nach wie vor geheim. Eine bekannt gewordene Klausel des Vertrags sieht allerdings vor, daß die Investoren die Zustimmung des Landes benötigen, wenn sie vor 2014 ihre Anteile weiterverkaufen wollen. Diese Zustimmung erteilte das Abgeordnetenhaus im April 2010 mit den Stimmen von SPD, Linken und FDP, so daß mit dem Börsengang der GSW im Frühjahr 2011 Tausende Berliner Wohnungen zu Spekulationsobjekten gemacht wurden. Die Folgen für die Mieter sind nicht absehbar. Ähnlich verhält es sich mit dem Ausstieg aus der Anschlußförderung für den sozialen Wohnungsbau im Jahr 2003. Eigentlich war dies ein längst überfälliger Schritt, denn das spezielle Westberliner Förderungssystem spülte den privaten Erbauern von Sozialwohnungen Milliarden an öffentlichen Geldern in die Tasche. Die Mieter zahlen nach diesem System nur einen geringen Teil der Miete, die für die Finanzierung der Wohnung tatsächlich nötig wäre. Der Großteil dieser Kostenmiete wurde aus öffentlichen Mitteln beglichen. In der ersten Stufe für die Dauer von 15 Jahren (Grundförderung) und im Anschluß für weitere 15 Jahre (Anschlußförderung). Die absurde Folge war, daß ein privates Bauvorhaben im sozialen Wohnungsbau sich finanziell selbst trug und die Anleger, die ihr Geld in wohnungsbauende Abschreibungsgesellschaften investierten, enorme Steuererleichterungen für sich verbuchen konnten. Die Eigentümer dieser Sozialwohnungen kalkulierten oft von vornherein die Anschlußförderung mit ein, obwohl dafür eigentlich keine Verpflichtung Berlins bestand– gewährt wurde sie stillschweigend jedoch bis 2003. Den Ausstieg aus der Förderung begründete der Senat mit enormen Sparpotentialen, die sich daraus ergäben. Problematisch ist dabei allerdings, daß sich „Rot-Rot" 2003 keinerlei Gedanken darüber machte, was passiert, wenn ein Eigentümer wegen des Wegfalls der einkalkulierten Förderung pleite geht und die Zwangsversteigerung der Wohnungen droht. Und vor allem, was mit den Mietern passieren soll, die ursprünglich Sozialmieten zu zahlen hatten und denen nun horrende Mieterhöhungen ins Haus stehen. Denn mit dem Ende der Förderung wurde den Eigentümern erlaubt, die tatsächliche Kostenmiete zu verlangen. Daß diese unbedachte Sparpolitik drastische Auswirkungen für betroffene Mieter haben kann, zeigen zum Beispiel die Vorgänge um den „Fanny-Hensel-Kiez" in Kreuzberg.[3] Als die von „Rot-Rot" mitverursachte Mietenproblematik immer offener zutage trat, machte die Linke keine besonders gute Figur. Zaghaft probte sie für die Medien den koalitionsinternen Aufstand, ließ sich dann aber wie so oft nach „intensiven Verhandlungen mit der SPD" wieder auf Linie bringen und stimmte einem leicht veränderten SPD-Entwurf zu einem neuen Wohnraumgesetz zu, das die betroffenen Mieter mit einer Härtefallregelung und neuen Übergangsfristen schützen soll. Von betroffenen Mietern wird das Gesetz scharf kritisiert. Aus Sicht des „Bündnis Sozialmieter" bringt das Wohnraumgesetz nur eine einzige Verbesserung: „Anstatt wie bisher in nur zehn Wochen mit dem Umzug fertig sein zu müssen, können sich die Betroffenen für das Kofferpacken jetzt sechs Monate Zeit lassen."[4] Überhaupt ist es der Partei, die laut Wahlprogramm dafür eintritt, „die soziale Bevölkerungsmischung in den Wohnquartieren zu erhalten und der zunehmenden sozialräumlichen Spaltung der Stadt entgegenzuwirken"[5], bis heute nicht gelungen, ein eigenes Profil in diesem Bereich zu entwickeln. Ob sozialer Wohnungsbau, der in Berlin nicht mehr stattfindet, ob landeseigene Wohnungsbaugesellschaften, die vom Senat auf Gewinnerzielung getrimmt werden, oder ob bezahlbarer Wohnraum auch für ärmere Menschen im innerstädtischen Bereich – von der Linken ist außer punktuellem Bedauern nichts zu vernehmen. Nach Aussagen der Berliner MieterGemeinschaft verringerte sich der landeseigene Wohnungsbestand seit 2002 von 400000 auf 260000 Wohnungen, zudem wurde die Bautätigkeit im günstigen Preissegment eingestellt. Dem aktuellen Mietspiegel ist zu entnehmen, daß in vormals preisgünstigen Altbauwohnungen, die oft von Erwerbslosen oder Geringverdienern genutzt werden, seit 2009 bei Neuvermietungen durchschnittlich 17 Prozent mehr Miete verlangt werden.[6] Menschen mit wenig Geld werden in Berlin langsam, aber sicher in bestimmte Viertel verdrängt. Zu all dem hat die Linke nichts Substantielles zu bieten. Zumindest legen das ihre eigenen Aussagen nahe. Im Bericht der Klausurtagung der Berliner Linksfraktion vom 27.Februar 2010 heißt es: „Mietpreisentwicklungen sind neben einer sozialen Polarisierung der Gesellschaft zentrale Triebkräfte für Verdrängung und Ausgrenzung. Die Fraktion Die Linke will dafür Sorge tragen, daß die Bevölkerungsvielfalt in den Wohnquartieren erhalten bleibt und soziale Segregation verhindert wird. Grundlage dafür kann auf lange Sicht nur ein Konzept sein, das Mieterinnen und Mieter in den Mittelpunkt stellt. Mieten müssen bezahlbar sein, staatliche Förderungen gezielt bei Mietern ankommen und Kieze stabilisiert werden.“[7] Die Berliner Linke hat also bis 2010 gebraucht, um zu merken, daß es mal ein Konzept bräuchte – wirklich eine reife Leistung.

Legenden zum Sparkassenverkauf

In ihrer „Bilanz linker Politik in Berlin 2006–2011“ gibt die Berliner Linksfraktion an, sie habe „dafür gesorgt, daß (...) die Krise der Berliner Bankgesellschaft bewältigt wurde; einschließlich Sicherung von 8000 Arbeitsplätzen, Sanierung, Umwandlung und erfolgreichen Verkaufs der Landesbank an den Sparkassen- und Giroverband gemäß EU-Auflagen“.[8] Daß die Bewältigung der Bankenkrise hauptsächlich darin bestand, deren Immobilienrisiken auf das Land zu übertragen, wurde oben beschrieben. Doch der als Erfolg gefeierte Verkauf der Berliner Sparkasse verdient eine genauere Betrachtung. Die Landesanteile an der Bankgesellschaft mußten aufgrund einer Beihilfe-Auflage der EU-Kommission veräußert werden. „Rot-Rot“ interpretierte die Auflage so, daß auch die öffentlich-rechtliche Spar-

kasse mitverkauft werden müsse. Die Logik der Koalition brachte der damalige Haushaltsexperte der PDS-
Fraktion, Carl Wechselberg, auf den Punkt: „Die Sparkasse soll verkauft werden, weil sie noch Wert hat. Ansonsten werden wir die anderen Teile der Bankgesellschaft nicht los."[9] So kam es zu einem Bieterverfahren,
das EU-rechtlich auch für private Investoren zugänglich
sein mußte. „Rot-Rot" machte hier im Verbund mit
einer auf Privatisierungen spezialisierten Kanzlei das
bislang Unmögliche möglich: Den potentiellen Verkauf
einer öffentlich-rechtlichen Sparkasse auch an einen
privaten Investor. Hierzu wurde 2005 ein entsprechend
neuartiges Sparkassengesetz ersonnen. Die äußerst in-
vestorenfreundliche und damit recht unsoziale Ausrichtung des Gesetzes wurde ausgerechnet vom Parteivorsitzenden Klaus Lederer immer wieder dergestalt verteidigt, daß gesetzliche Vorgaben zur Gewinnverwendung
oder zur Führung eines Girokontos für alle problematisch wären, da dann das Verkaufsverfahren nicht mehr
„diskriminierungsfrei" nach EU-Recht sei, wonach kein
Investor durch Hürden oder Bedingungen abgehalten
oder begünstigt werden darf. Auf Anfrage teilte die EU-
Kommission allerdings mit, daß es „keinen eindeutig
abgegrenzten Begriff von Diskriminierungsfreiheit gibt",
die Sache also nicht so klar ist, wie Lederer immer be-
hauptete. Der Deutsche Sparkassen- und Giroverband
(DSGV), der einen Verkauf der Sparkasse an einen Privaten unbedingt verhindern wollte, kaufte die Bank
schließlich 2007 für 4,6 Milliarden Euro. Das Resultat
unterscheidet sich allerdings nicht großartig von dem,
das bei einem Verkauf an einen Privaten herausgekommen wäre. Schließlich muß sich die Investition für jeden
Investor rechnen, ob nun Privatbank oder DSGV. Daß
der Unterschied wirklich nicht so groß ist, zeigen die

jüngst von der Sparkasse an ärmere Kundschaft mit einem sogenannten Guthabenkonto verschickten Schreiben, in denen eine Erhöhung des Kontoführungspreises von 3,50 Euro auf acht Euro angekündigt wurde – die aber nach heftiger öffentlicher Kritik auf fünf Euro heruntergeschraubt wurde.[10] Wenn die Berliner Linke ob dieses Vorgehens die „Verdrängung finanzschwacher Kunden" beklagt, bejammert sie in Wirklichkeit ihren eigenen Interventionsverzicht.[11] 2005 wäre die Zeit gewesen, das Sparkassengesetz entsprechend zu gestalten: Zum Beispiel mit einer Regelung für ein „Girokonto für alle", kostenfrei für Arme. Den betroffenen Kunden wären Ängste und Ärger erspart geblieben.

Kehrtwende bei den Wasserbetrieben

Bei den 1999 von der Vorgängerregierung zu 49,9 Prozent an RWE und Vivendi (heute Veolia) verkauften Berliner Wasserbetrieben gelang der Linkspartei eine erstaunliche Kehrtwende: Der frühere Oppositionspolitiker und einstige „Chef-Kritiker" der Teilprivatisierung Harald Wolf avancierte 2002 zum Wirtschaftssenator und zementierte in dieser Funktion das Teilprivatisierungsmodell, das den Privaten und dem Landeshaushalt seitdem stattliche Einnahmen bringt. Die Wasserpreise stiegen um ein Drittel. Vor der Teilprivatisierung agierte Wolf durchaus energisch gegen das Vorhaben. Er und seine Mitstreiter erkannten das miese Geschäft und versuchten gemeinsam mit den Grünen, mit einer Klage vor dem Landesverfassungsgericht gegen das Teilprivatisierungsgesetz vorzugehen und zumindest die gesetzlich vorgesehenen preistreibenden Renditeversprechen für die Privaten zu kippen. Die Teilprivatisierung selbst konnten sie nicht verhindern. Das Gericht verwarf diese Renditeregelungen. Nach seinem Regierungseintritt machte Wolf allerdings dort weiter, wo seine Vorgänger aufgehört hatten. Als Wirtschaftssenator und gleichzeitiger Aufsichtsratschef der Wasserbetriebe setzte er 2003 gesetzliche und vertragliche Änderungen durch, die die vom Landesverfassungsgericht verworfenen Gewinngarantien durch neue Regelungen kompensierten. Das Resultat ist das, was mit der Teilprivatisierung gedacht war: Berlin garantiert die Rendite der privaten Investoren und verdient selbst an den hohen Wasserpreisen. Für die Genehmigung der Wasserpreise ist übrigens Wolfs Parteikollegin, die Verbraucherschutzsenatorin Katrin Lompscher, zuständig, die jährlich ohne Murren die zuvor von Wolf als Aussichtsratsvorsitzendem abgenickten Tarifsteigerungen durchwinkt. Und obwohl die Linke Berlin gern als „Hauptstadt der Transparenz" beschwört, verhandelt „Rot-Rot" gegenwärtig im geheimen mit den Privaten um mögliche Anteilsrückkäufe und Vertragsanpassungen. In der Koalitionsvereinbarung von 2006 ist zu lesen: „Die Koalition setzt sich für die Rekommunalisierung der Berliner Wasserbetriebe ein." Doch was ist bisher geschehen? Nichts. Schlimmer noch: Die durch breites außerparlamentarisches Engagement angestrebten Veränderungen im Bereich der Wasserwirtschaft wurden durch die politisch Verantwortlichen massiv zu behindern versucht. Die Krönung der politischen Zumutbarkeit wurde rund um den Volksentscheid „Unser Wasser" am 13.Februar erreicht: Nachdem sich zuvor die Regierungsmitglieder – allen voran Harald Wolf – in den Medien gegen eine Beteiligung am Plebiszit aussprachen, votierten mehr als 666000 Berlinerinnen und Berliner für die Offenlegung der Wasser-Teilprivatisierungsverträge. Nach der Ab-

stimmung begrüßten plötzlich die einstigen Gegner –
komischerweise auch Harald Wolf – deren Ergebnis.
Angeblich waren ja alle schon immer für mehr Transparenz und Mitsprache. In der Praxis sah das dann so aus,
daß die Linke die 2006 ausgeweiteten Volksgesetzge-
bungsmöglichkeiten als Erfolg vor sich hertrug, wenn es
zur Sache ging aber Gesetzesinitiativen aus der Bevölkerung offen bekämpfte. So wie zuletzt beim Wasser-
Volksbegehren. Der Landesvorstand verbot gar mit
einem Beschluß den Bezirksverbänden, in ihren Räumlichkeiten Bögen auszulegen und Unterschriften für die
Volksbegehren zu sammeln.[12]

Die ewige Angst

Doch eines ist der Linken in ihrer Regierungszeit
wenigstens gelungen: Sich meilenweit von den stadtpolitischen Initiativen und Gruppierungen in Berlin zu ent-
fernen. Dies zeigte nicht zuletzt eine von elf Initiativen
unterzeichnete Erklärung zum Verhaltensmuster der
Berliner Linken und ihrer ewigen Angst vor der Zivilgesellschaft.[13] Aber anstatt sich ernsthaft mit dieser grund-
sätzlichen Kritik auseinanderzusetzen, gifteten Partei-
vertreter in Online-Kommentarleisten, per Mail oder
per Facebook gegen die Verfasser. Der Fraktionschef
der Berliner Linken im Abgeordnetenhaus, Udo Wolf,
bekannte – ein mögliches mieses Wahlergebnis am 18.
September wohl schon im Blick– unlängst gegenüber
der taz: „Wir können auf jeden Fall beides, regieren und
opponieren.“[14] Wenn man sich die Bilanz der Linken
ansieht, kommen doch starke Zweifel daran auf. Wie
will eine Partei, die unter „regieren“ nur eiserne Koaliti-
onsdisziplin versteht, denn zu einer wirkungsvollen
Opposition fähig sein? Und dem immer etwas ver-

64

schämt daherkommenden Hinweis, ohne eine Regierungsbeteiligung der Linken wäre ja alles noch viel schlimmer, muß entgegnet werden: Nein – ohne die Linke wäre es wahrscheinlich genauso.

*Gemeinsam mit Mathias Behnis

Anmerkungen:

[1] Birger Scholz, „Die Berliner Bankgesellschaft und der politische Offenbarungseid der PDS", in: Sozialismus 05/2002

[2] www.die-linke-berlin.de/index.php?id=4923

[3] Vgl. ausführlich zum Ausstieg aus der Anschlußförderung: MieterEcho – Zeitschrift der Berliner MieterGemeinschaft, Nr. 339/März 2010. Online unter www.bmgev.de

[4] Berliner Bündnis Sozialmieter, Pressemitteilung vom 23.6.2011

[5] Landesvorstand Berlin der Partei Die Linke, Das soziale Berlin. Wahlprogramm zur Berliner Abgeordnetenhauswahl am 18. September 2011, S. 33

[6] siehe jW vom 13./14.8.2011

[7] Die Linke. Im Abgeordnetenhaus von Berlin, Beschluß „Soziale Wohnungspolitik" vom 27. Februar 2010

[8] Die Linke. im Abgeordnetenhaus von Berlin, Sozial & Solidarisch. Bilanz linker Politik in Berlin 2006–2011, April 2011

[9] zit. n. jW vom 7.9.2002

[10] siehe jW vom 11.8.2011

[11] Die Linke. Berlin, Pressemitteilung des Landesvorstands vom 9. August 2011

[12] siehe jW vom 20.9.2007

[13] siehe jW vom 20.6.2011

[14] taz vom 23.5.2011

Junge Welt 20. August 2011

Einmal Caymans und zurück

Vor zehn Jahren nahm der Berliner Bankenskandal seinen Lauf

Zum Ende des Jahres 2000 ahnte die Bevölkerung noch nichts von dem, was einige Monate später über Berlin hereinbrechen und bis zur aktuellen Finanzmarktkrise als größte deutsche Bankenpleite gelten sollte: der Skandal um die Bankgesellschaft Berlin. Auf einer Pressekonferenz am 8. November 2000 berichtete der damalige Vorstandsvorsitzende Wolfgang Rupf zwar, dass die Bank für das Jahr 2000 ein rückläufiges Betriebsergebnis erwarte, aber dennoch mit einer Dividende von 60 Cent pro Aktie gerechnet werden könne. Hinter den Kulissen war zu diesem Zeitpunkt die Krise bereits in vollem Gang.

Bereits am 7. November 2000 diskutierte der Konzernvorstand der Bankgesellschaft eine Vorlage zur „Neustrukturierung der Immobilienaktivitäten". Aus diesem später vom Journalisten Mathew D. Rose auf Spiegel-Online veröffentlichten Dokument lässt sich herauslesen, dass sich die Bankgesellschaft mit ihren Immobiliengeschäften übernommen hatte und versuchte, über eine gewagte Konstruktion samt Briefkastenfirma auf den Cayman Islands die immensen Verluste ihrer Tochterfirma Immobilien- und Baumanagement der Bankgesellschaft Berlin (IBG) zu kaschieren. In der IBG hatte die Bankgesellschaft ihr gesamtes Immobiliendienstleistungsgeschäft gebündelt. Damit war ein eigener, weit verzweigter Teilkonzern entstanden, der nicht nur geschlossene Immobilienfonds auflegte, sondern sich unter anderem an Stadtentwicklungsmaßnahmen beteiligte. So engagierte sich zum Beispiel die Tochtergesellschaft Wasserstadt GmbH bei den Entwicklungsgebieten „Wasserstadt Oberhavel" und „Rummelsburger Bucht". Die IBG war auch über Tochtergesellschaften an der Projektentwicklung der eingebrachten Immobilien und am Vertrieb der Fondsanteile an Anleger beteiligt. Die Finanzierung der Fondsimmobilien lief in nicht unbedeutendem Maß über Teilbanken der Bankgesellschaft. Der gesamte Konzern verdiente somit nicht nur an der Auflage der Fonds, sondern auch an den für die Immobilien ausgereichten Krediten. Und noch einen praktischen Effekt hatte die IBG: Sie fungierte als eine Art Schrottabladeplatz für Immobilien aus notleidenden Krediten der Teilbanken der Bankgesellschaft. Dadurch, dass die IBG ihnen die Objekte abkaufte und in ihren Fonds unterbrachte, verschwanden die faulen Kredite aus der Bilanz. Dass die IBG diese Ankäufe wiederum mit Krediten bei den Teilbanken finanzierte, kam diesen zusätzlich entgegen.

Immobilienfonds als Schneeballsystem

Mit den von der IBG aufgelegten geschlossenen Immobilienfonds war die Bankgesellschaft in den 90er Jahren zum Marktführer in Deutschland aufgestiegen und galt ihren Schöpfern aus der Berliner Politik als große Erfolgsstory. Dass der Vertrieb der Fonds so erfolgreich war, lag vor allem an den Garantien, die die IBG den Anteilszeichnern der Fonds gab. So konnten diese ihre Anteile nach 25 Jahren Laufzeit zu 100% der Erwerbssumme an die IBG zurückverkaufen (115% nach 30 Jahren) und zusätzlich garantierte die IBG die Mietzahlungen für die Immobilien für die gesamte Laufzeit. Auch wenn eine Immobilie keine Mieterträge abwarf, war die Rendite der Fondszeichner gesichert. Für die Anleger war dies ein bombensicheres Geschäft, denn hinter der IBG stand die Bankgesellschaft und dahinter das Land Berlin. Allerdings hatte die Erfolgsstory der Bankgesellschaft einen großen Haken. Zwar legte die IBG immer neue und größere Fonds auf und fuhr mit den vereinnahmten Auflagegebühren scheinbar hohe Erträge ein, doch um immer genügend Immobilien „auf Vorrat" zu haben, kaufte sie in ganz Deutschland und im Ausland wahllos Objekte, die zum Teil von bedenklicher Qualität waren. So befanden sich in den Beständen der IBG bald abgewrackte Wohnungen der ehemaligen „Neuen Heimat", unsanierte Plattenbauten oder leer stehende Einkaufszentren. Auch wurden fehlgeschlagene Projekte wie die „Wasserstadt Oberhavel" in den Fonds untergebracht. Den Fondszeichnern konnte das egal sein, doch die IBG musste für die garantierten Mieteinnahmen aus eigener Tasche aufkommen. So entwickelte sich eine Art Schneeballsystem: Aus den Erträgen der neu aufgelegten Fonds wurden die Garantien der alten Fonds bezahlt – bis sich im Jahr 2000 die IBG in einer Schieflage befand, die sich auf den ganzen Bankgesellschaftskonzern auszuwirken drohte.

Vertuschung über die Cayman Islands

So also stellte sich die Lage dar, als der Vorstand der Bankgesellschaft im November 2000 die „Neustrukturierung" in Angriff nehmen wollte. Der Kern der gedachten Konstruktion war die Aufteilung der ursprünglichen IBG in eine Aktiengesellschaft namens IBAG und die sogenannte „IBG alt". Die Risiken der ursprünglichen IBG sollten bei der „IBG alt" verbleiben

und die von Risiken befreiten Unternehmensteile in die
IBAG fließen. An dieser sollten sich dann wiederum
Investoren beteiligen und mit dem Verkaufspreis die
Risiken der bei der Bankgesellschaft verbleibenden
„IBG alt" abgedeckt werden. Für diesen geplanten Verkauf bediente sich die Bankgesellschaft einer Zweckgesellschaft namens Greico auf den Cayman Islands, die
die IBAG zunächst kaufen sollte, um dann weiterveräu-
ßert zu werden. Im Februar 2001 hatte sich ein Käufer
gefunden – allerdings handelte es sich dabei ebenfalls
um eine Gesellschaft mit Sitz auf den Cayman Islands,
die den Kauf mit einem Kredit der Luxemburger Tochter der Bankgesellschaft finanzierte. Bei dem Cayman-
Deal handelte es sich also um ein In-Sich-Geschäft, mit
dem die Bankgesellschaft so tat, als hätte sie einen Investor für die IBAG gefunden. Mit diesem Trick sollten
die Verluste bei der ursprünglichen IBG vertuscht werden. Nachdem es innerhalb des Aufsichtsrats der Bankgesellschaft heftige Kritik an dem Geschäft gab und es
selbst dem damaligen Finanzsenator Peter Kurth (CDU)
zu heiß wurde, machte die Bankgesellschaft den Deal
2001 rückgängig, und die IBAG samt den Risiken der
„IBG alt" blieben dem Konzern erhalten.

Skandal auf mehreren Ebenen

Von nun an ging es für die Bankgesellschaft und
den Diepgen-Senat bergab. Im Januar 2001 wurde der
Cayman-Deal von Mathew D. Rose öffentlich gemacht.
Vorher schon waren merkwürdige Vorgänge um die
Immobilienfirma Aubis, die zwei ehemaligen CDU-
Politikern gehörte, bekannt geworden. In den Monaten
Februar und März erreichte der Berliner Bankenskandal
seinen Höhepunkt, als neben immer neuen Enthüllun-

gen zur Bankgesellschaft und ihren Immobilienfonds auch herauskam, dass der Fraktionsvorsitzende der CDU, Klaus-Rüdiger Landowsky, der gleichzeitig Vorstandsvorsitzender der Bankgesellschafts-Teilbank BerlinHyp war, 1995 zwei „Parteispenden" in Höhe von jeweils 20.000 DM von den Geschäftsführern der Aubis entgegengenommen hatte. Die Aubis wiederum war Kreditkunde bei der BerlinHyp und hatte sich von ihr den Erwerb zahlreicher unsanierter Plattenbauten in Ostdeutschland finanzieren lassen. Mit einem wenig seriösen Geschäftsmodell wollte die Aubis die Plattenbauten sanieren und teuer weiterverkaufen. Als dies nicht gelang, kam ihr die Bankgesellschaft zur Hilfe, nahm ihr einen Teil der Immobilien ab und brachte sie in den Garantiefonds der IBG unter. Die Verwicklung Landowskys in die Vorgänge um die Bankgesellschaft wurde von der mitregierenden SPD genüsslich ausgeschlachtet und die sich bereits anbahnende Haushaltskrise im Juni 2001 als Vorwand zum Ausstieg aus der Großen Koalition genutzt. Komischerweise ist es der SPD gelungen, bis heute weder für die Haushaltskrise noch für den Bankenskandal verantwortlich gemacht zu werden. Immerhin saßen auch SPD-Politiker an entscheidenden Stellen bei der Bankgesellschaft, und dass der Berliner Haushalt so aussieht, wie er nun mal aussieht, ist auch der ehemaligen SPD-Finanzsenatorin Annette Fugmann-Heesing zu verdanken, die übrigens im Aufsichtsrat der Bankgesellschaft nie etwas von der sich anbahnenden Krise mitbekommen haben will.

Bankenrettung um jeden Preis

Was nach dem Bankenskandal kam, ist nicht weniger skandalös als die Bankenkrise selbst. Noch im ersten

Halbjahr 2001 erklärte die Große Koalition, dass die Bankgesellschaft auf jeden Fall vom Land Berlin gestützt werden müsse. Der nach der Koalitionskrise für kurze Zeit regierende rot-grüne Senat sorgte für eine Kapitalzuführung von 1,75 Milliarden Euro. Die Anfang 2002 folgende rot-rote Koalition machte weiter und verabschiedete das sogenannte Risikoabschirmungsgesetz, in dessen Folge das Land Berlin nach wie vor in einer Höhe von bis zu 21,6 Milliarden Euro für die Risiken aus dem Immobilienfondsgeschäft der Bankgesellschaft bürgt. Damals hieß es, diese Risikoabschirmung sei für Berlin die kostengünstigste Lösung, da sonst die Bank von der staatlichen Bankenaufsicht, die in den Jahren vorher trotz vorliegender Gutachten angeblich auch nichts von der sich anbahnenden Krise mitbekommen haben will, geschlossen würde. Und dies käme das Land noch teurer. Diese Begründung kann richtig sein. Dass aber die Zahlen für die Risikoabschirmung von der Bankgesellschaft selbst berechnet wurden, gibt dem Ganzen einen höchst fragwürdigen Anstrich.

Zukunft ungewiss

Die Bankgesellschaft ist mittlerweile verkauft. Vom Erlös sollen die von Berlin übernommenen Risiken der Immobilienfonds aufgefangen werden, die heute in der landeseigenen Berliner Immobilien Holding (BIH) stecken. Das Land Berlin versucht seit Jahren, die BIH an einen Investor zu veräußern, der nicht nur die Immobilien der alten Bankgesellschaft, sondern auch deren Risiken übernimmt – bislang aber ohne Erfolg. Eines bleibt also festzuhalten, auch wenn die Politiker der Regierungsparteien gerne anderes behaupten: Was der Bankenskandal das Land Berlin gekostet hat, kann erst

berechnet werden, wenn alle mit den Immobilien übernommenen Risiken abgearbeitet sind. Alles andere ist
Augenwischerei.

72

MieterEcho Nr. 344/Dezember 2010

*Vergesst Landowsky!**

Die Finanzmarktkrise zeigt: Politik und Wirtschaft haben nichts aus dem Berliner Bankenskandal gelernt.

Ja, Klaus-Rüdiger Landowsky ist einer der Verantwortlichen für den Berliner Bankenskandal. Ja, er ist ein verurteilter Straftäter.** Ja, Landowsky hat als Bankdirektor Parteispenden von CDU-Freunden angenommen, die gleichzeitig Kreditkunden seiner Bank, der Berlin Hyp, waren und diese in einem System aus schwarzen Kassen versickern lassen. Ja, er war ein begnadeter Machtmissbraucher. Ja, Landowsky hat sich nicht nur mit seiner "Ratten-Rede", in der er Menschen mit Ratten verglich, als Menschenverächter erwiesen, der in jedem halbwegs aufgeklärten Menschen Abneigung hervorrufen muss. Ja, Landowsky war der politische Arm der Wilmersdorfer Witwen und ist damit ein miefiges Relikt längst vergangener Westberliner Urzeiten. Und ja, es ist verständlich, dass viele es als Genugtuung ansehen, wenn er erneut vor Gericht steht und ihm nun sogar eine mehrjährige Haftstrafe droht.

Doch nein, Landowsky ist nicht der große Pate, der als menschliche Verkörperung des Bankenskandals gelten könnte. So wichtig sollte man ihn nicht nehmen. Denn er war nur ein Antriebsrad im Getriebe eines riesigen Bankenkonzerns und konnte es eben nicht lassen, den größenwahnsinnigen Politbanker zu geben. Dies kostete ihn während der Bankenkrise 2001 alle Ämter in Bank und Politik. Damit ging ein absoluter Reputationsverlust des einstigen selbst ernannten Kleine-Leute-Politikers einher. Der mitregierenden SPD kam das gerade recht, hatte sie doch in Landowsky den perfekten Schurken gefunden und gleichzeitig das Glück, keinen großen Schurken in ihren Reihen zu haben. Dafür tummelten sich bei der SPD einige kleine Landowskys: ob Dietmar Staffelt (Exfraktionschef), Annette Fugmann-Heesing (Exfinanzsenatorin) oder Norbert Meisner (Exwirtschaftssenator) – alle SPD, alle mitverantwortlich, alle ungeschoren davongekommen und teilweise noch heute in Amt und Würden. Landowsky war Vorstandsvorsitzender der Berlin Hyp als Teilbank der Bankgesellschaft und zuständig für die Steuerung des gesamten Immobilienbereichs des Konzerns. Seit 1996 war er Mitglied im Aufsichtsrat der Immobilien- und Baumanagement der Bankgesellschaft Berlin (IBG). Bei dieser Gesellschaft handelte es sich um einen Konzern unter dem Dach der Bankgesellschaft. Hier wurden die berüchtigten Garantiefonds aufgelegt. Den Fondszeichnern wurden die vollen Mieteinnahmen garantiert, und zudem konnten sie ihre Anteile nach Ablauf von 25 Jahren zu 100 Prozent des Nominalwerts zurückgeben, nach 30 Jahren sogar zu 115 Prozent. Gut für die Zeichner, schlecht für die Bank. Denn in die Immobilienfonds wurden zu einem großen Teil Schrottimmobilien eingebracht, die nur Mietmindereinnahmen erbrachten. Das bedeutet, die IBG musste aus eigener Tasche für die garantierten Zahlungen aufkommen, und somit häuften sich bei ihr Risiken in Milliardenhöhe. Im Nachhinein stellte sich heraus, dass es sich bei dem angeblich erfolgreichen Fondsgeschäft der IBG um ein Schneeballgeschäft handelte, in dem immer neue und größere Immobilienfonds aufgelegt wurden, um mit den kurzfristigen Einnahmen aus den neuen Fonds die Garantien der zuvor aufgelegten Fonds zu bezahlen. Dieses Geschäft war ein Hauptgrund für die Schieflage der Bankgesellschaft. Der allseits von Politik und Vorständen gelobte Konstrukteur dieses Schneeballgeschäfts war der zusammen mit Landowsky angeklagte Manfred Schoeps. Und um so ein Geschäft über Jahre zu betreiben, brauchte es mehr als einen Landowsky. Da waren Projektentwickler am Werk, die nicht in der Lage waren, angekaufte Objekte sachgerecht zu bewerten. Da gab es Konzernausschüsse, die die Ankäufe durchwinkten, und Aufsichtsräte, die trotz einzelner warnender Stimmen am eingeschlagenen Weg festhielten. Da gab es Wirtschaftsprüfer, die jahrelang nichts beanstandeten und jeden Abschluss von IBG und Bankgesellschaft positiv testierten. Und da gab es eine staatliche Bankenaufsicht, die schon Ende der 90er-Jahre über gefährliche Risiken informiert war, aber erst mit aufgeblasenen Backen einschritt, als die Bankgesellschaft 2001 schon am Boden lag.

Versagen der Prüfer

Spätestens hier sind wir an einem Punkt angelangt, der vor dem Hintergrund der aktuellen Finanzmarktkrise von höchster Brisanz ist. Denn das am Montag begonnene Gerichtsverfahren konzentriert sich notwendigerweise auf die Vorstände der Bankgesellschaft. Doch es bleibt die Frage offen, wie mit dem offensichtlichen Versagen der Wirtschaftsprüfer und der staatlichen Bankenaufsicht umzugehen ist. Denn diese Akteure spielen auch bei der heutigen Krise eine tragende Rolle. Die Wirtschaftsprüfer hatten bei der SachsenLB kurz vor ihrem Zusammenbruch nichts zu beanstanden. Im August 2008 bestätigten die Wirtschaftsprüfer der Hypo Real Estate eine solide Geschäftsführung, im September war die Bank pleite. Die Mittelstandsbank IKB kolla-

bierte im Sommer 2007, den Wirtschaftsprüfern war
zuvor nichts Verdächtiges aufgefallen. Wo bleiben die
Gerichtsprozesse gegen diese Versager? Und warum
wird die Arbeitsweise einer staatlichen Bankenaufsicht
nicht offensiv infrage gestellt, die sich in ihrem Alltags-
geschäft und in ihren viel zu seltenen "Sonderprüfungen" auf die Aussagen von Wirtschaftsprüfungsgesellschaften verlässt? Offensichtlich haben sich die Verantwortlichen seit dem Berliner Bankenskandal, der einst
als die größte Bankenpleite der Republik galt, einem
Lernprozess konsequent verweigert. Ob nun riskante
Immobilienfonds oder hochspekulative Wertpapierge-
schäfte, das System lief weiter wie geschmiert.

Wer war verantwortlich?

Der Prozess gegen Landowsky und Co. kann also
vielleicht die Frage beantworten, ob es überhaupt juristisch verfolgbar ist, mit stark risikobehafteten Finanz-
produkten zu arbeiten. Doch die systemische Frage
nach einer Verantwortung der Kontrolleure und Aufse-
her bleibt unbeantwortet – und soll es wohl auch bleiben. Hier eine wirkliche Veränderung vorzunehmen
würde eine wirkliche Reform der Finanzmärkte darstellen. Doch das wollen die Herrschenden mit all ihren
Bankenrettungspaketen verhindern, koste es, was es
wolle. Wenn die Zivilgesellschaft – darunter hoffentlich
irgendwann einmal Attac – nicht selbst ein Protestpo-
tenzial entwickelt, wie es die Bankenbesetzungen während des Bildungsstreiks in den vergangenen Tagen
andeuteten, wird sich am eingeschlagenen Weg nichts
ändern und dasselbe Rad mit neuen Zierbeschlägen
weitergedreht.

*Gemeinsam mit Peter Grottian

**Als der Artikel erschien war Landowsky noch durch das Landgericht Berlin zu einer Bewährungsstrafe verurteilt. Im Juni 2010 wurde besagtes Urteil durch das Bundesverfassungsgericht aufgehoben (vgl. hierzu den Text „Freispruch für den Ehrenmann" in diesem Band).

die tageszeitung 23. Juni 2009

Sarrazins Erbe

Die von Rot-Rot versuchte Verarbeitung des Berliner Bankenskandals ist endgültig gescheitert

Als im Jahr 2006 die eigens dafür gegründete Berliner Immobilien Holding (BIH) die Fondsimmobilien der fast zusammengebrochenen Berliner Bankgesellschaft übernahm, lobte insbesondere der damalige Finanzsenator Thilo Sarrazin (SPD) seine Politik. Die Belastungen des Landes könnten damit so gering wie möglich gehalten werden, hieß es. Zunächst wurde für die entstehenden Kosten der Erlös aus dem im Jahr 2007 erfolgten Verkauf der Bank genutzt. Dieser Erlös ist nun weitgehend aufgebraucht, und der Landeshaushalt wird künftig direkt belastet. Absurderweise wollen es mit SPD und CDU nun jene Parteien richten, die für den Bankenskandal politisch verantwortlich sind.

Mit der „Bad Bank" BIH, die die von der Bankgesellschaft aufgelegten Fonds im Auftrag des Landes Berlin verwaltet, hatte Sarrazin folgendes Szenario geplant: Man wollte einen Investor finden, der bereit ist, die BIH samt der immensen Fondsrisiken zu übernehmen. Die Risiken waren durch vollkommen unübliche Garantien entstanden, die die Bank seinerzeit den Fondszeichnern gegeben hatte und welche ein Grund für ihre Krise waren. Nach mehreren vergeblichen Versuchen, die BIH zu verkaufen (*MieterEcho* Nr. 346/März 2011), ist wieder alles offen. Im Wahlkampf drückten sich alle Parteien wohlweislich vor dem Thema. Es wäre ihnen auch nicht zuträglich gewesen, sichere Millionenkosten für die öffentliche Hand anzukündigen und zu-

zugeben, dass man keine Strategie hat. Denn die BIH-Gebäude sind restlos überschuldet. Ihr Buchwert beträgt zwar über 9 Milliarden Euro, der tatsächliche Unternehmenswert beläuft sich aber auf lediglich 3,6 Milliarden Euro. Gleichzeitig lasten auf den Immobilien Kredite von über 4 Milliarden Euro. Dies geht aus einer Analyse hervor, die der ehemalige wissenschaftliche Mitarbeiter im parlamentarischen Untersuchungsausschuss zur Bankgesellschaft, Michael Breitkopf, im September 2011 für die Initiative Berliner Bankenskandal erstellte. Sollte sich also kein Käufer finden, der den Buchwert bezahlt – was naheliegend ist – , fährt das Land in jedem Fall Verluste ein. Hinzu kommt, dass in den letzten Jahren wenig in die Bestände investiert wurde, was sich wiederum auf die erzielbaren Mieten auswirkt. Hier muss Berlin Geld zuschießen, denn die von der Bank an die Zeichner gegebenen Mietgarantien hatte das Land im Zuge der „Risikoabschirmung" 2002 übernommen. So lange die Fonds in der jetzigen Form existieren und nach wie vor die Interessen der Fondszeichner zu bedienen sind, wird sich daran nichts ändern.

Renitente Fondszeichner

Nach Auskunft von Thomas Schmidt, Verwaltungsratsmitglied in mehreren Fonds, bestehen er und die von ihm vertretenen Zeichner auf die Erfüllung der ursprünglich von der Bankgesellschaft gegebenen Versprechen wie Ausschüttungen, Mietgarantien und Rückzahlung der investierten Summe nach Ablauf der Fonds. Die bisher gemachten Angebote des Landes, auf die sich bereits viele Zeichner einließen, seien für ihn nicht akzeptabel. Für die vorzeitige Rückgabe verlangt er „weit mehr" als 100% des damaligen Kaufpreises. Schmidt gilt als beharrlich. Aber Berlin wird sich wohl früher oder später mit ihm verständigen müssen, denn erst wenn das Land über genügend Fondsanteile verfügt, kann es vollständig über die Immobilien entscheiden. Doch selbst wenn dies mit viel Geld gelingen sollte, wäre zunächst nicht viel gewonnen. Denn das BIH-Imperium aus bundesweit verteilten Wohnungen, Seniorenheimen, Einkaufszentren und Tankstellen müsste nach wie vor abgetragen werden.

Verkauf keine Lösung

In Berlin hält die BIH 13.000 Wohnungen. Gegen deren Verkauf sträuben sich Teile der SPD, die sie lieber in den landeseigenen Wohnungsbestand einbringen wollen. Dabei steht allerdings zu befürchten, dass auf altbewährte Methoden zurückgegriffen wird, mit denen schon die SPD-Finanzsenatorin Annette Fugmann-Heesing in den 90er Jahren herumdilettierte. Wieder einmal könnten die landeseigenen Wohnungsbaugesellschaften in die Bresche gestoßen werden, indem der Senat sie zwingt, die Bestände aufzukaufen. Um die BIH zu sanieren, müssten aber auch die Schulden übernommen werden. So ließen sich zwar finanzielle Probleme weiter auf die lange Bank schieben, beim derzeitigen Zustand einiger Wohnungsbaugesellschaften ergäbe sich für die Koalition irgendwann aber wieder das Argument, das Rot-Rot schon bei der GSW-Privatisierung ins Feld führte: Kein Geld und viele Schulden – jetzt hilft nur noch Privatisierung.

MieterEcho 351 / Dezember 2011

Freispruch für den Ehrenmann

Der Berliner Bankenskandal bleibt vorerst ungesühnt und kostet das Land weiterhin Milliarden

Nach zwei Jahren endete der größte Prozeß zum Berliner Bankenskandal am 14. Februar mit Freisprüchen. Prominentester Angeklagter war der CDU-Politiker Klaus-Rüdiger Landowsky, der zugleich Vorstandsvorsitzender der BerlinHyp war. Als Teilinstitut der Bankgesellschaft war diese in den Beinahe-Zusammenbruch des Konzerns im Jahr 2001 verwickelt. Neben Landowsky saßen elf weitere verantwortliche Manager auf der Anklagebank. Unter ihnen der ehemalige Vorstandsvorsitzende der Bankgesellschaft, Wolfgang Rupf, die ehemaligen Vorstände der Landesbank Berlin, Ulf Decken und Jochem Zeelen, sowie Manfred Schoeps, der ehemalige Geschäftsführer der Bankgesellschaftstochter IBG, die im Konzern für die Auflage von Immobilienfonds zuständig war. Die Manager mußten sich wegen der von der Bankgesellschaft in den 1990er Jahren aufgelegten geschlossenen Immobilienfonds verantworten. Diese waren ein Grund für die Krise des Konzerns. Die Freisprüche wurden vom Gericht dergestalt begründet, daß den Angeklagten „im Ergebnis" kein pflichtwidriges Verhalten nachgewiesen werden konnte. Außerdem sei das Risiko zum Zeitpunkt der Auflage der Immobilienfonds nicht als existenzgefährdend für die Bank eingeschätzt worden. Dies gelte sowohl für die bankinternen Organe als auch für die staatliche Bankenaufsicht. Am Ende des Prozesses hatte selbst die Staatsanwaltschaft Freisprüche beantragt, da ihrer Auffassung nach die Beweisaufnahme nur zu unvollständigen Ergebnissen geführt hatte. Gleichzeitig kündigte sie Revision gegen das Urteil an.

Verfolgte Unschuld

Dabei hatte sich diese Entwicklung schon monatelang abgezeichnet. Im August 2010 machte das Bundesverfassungsgericht seine Entscheidung öffentlich, mit der es ein in einem anderen Verfahren gegen Landowsky ergangenes Urteil aufhob. Bei diesem ersten Verfahren war er zu einer Strafe von einem Jahr und vier Monaten auf Bewährung verurteilt worden, was später vom Bundesgerichtshof bestätigt wurde.[1] Angeklagt war der heute 68jährige wegen Untreue im Zusammenhang mit den Geschäften der Immobiliengesellschaft AUBIS. Da deren Geschäftsstrategie auf tönernen Füßen stand, stellte sich für das Landgericht die Frage, ob Landowsky und seine Vorstandskollegen der BerlinHyp überhaupt Kredite für solch ein unseriöses Geschäft hätten geben dürfen. Landowsky rief nach dem Beschluß des Bundesgerichtshofs das Bundesverfassungsgericht an, welches das Urteil aufhob und das Verfahren zurück an das Landgericht verwies. Das Verfassungsgericht befand zwar, daß Landowsky und Co. „die ihnen als Vorstandsmitglieder obliegende Pflicht verletzt haben, die Vermögensinteressen der Hypothekenbank wahrzunehmen, namentlich eine umfassende und sorgfältige Bonitätsprüfung vorzunehmen"[2], es fehle aber nach wie vor an einer wirtschaftlich nachvollziehbaren Feststellung und Darlegung des Schadens. Es ist also in diesem AUBIS-Fall klar, daß Landowsky pflichtwidrig gehandelt hat. Zu seinem Glück ist jedoch unklar, wie hoch der durch ihn mitverursachte Schaden ist. In dem neu aufzurollenden Verfahren muß das Landgericht also

82

genau nachrechnen, so dies überhaupt noch möglich ist. Wer weiß schon, ob die dafür massenhaft notwendigen Unterlagen überhaupt noch existieren. Die Aufhebung des ersten Urteils tangierte auch den nun zu Ende gegangenen Prozeß, weshalb Landowsky schon vor dem absehbaren Freispruch selbstbewußte Uneinsichtigkeit demonstrierte. Sein Schlußwort strotzte sodann auch vor Selbstgefälligkeit: Die Anklage sei „haarscharf an Verfolgung Unschuldiger" vorbeigegangen, ein „Vernichtungsfeldzug"[3] sei von der Staatsanwaltschaft gegen ihn geführt worden. Zudem vermutete er, weil eine Staatsanwältin mit SPD-Parteibuch die Anklage vertrat, eine „knallharte politische Dimension des Verfahrens".[4] Ähnlich absurd hatte er sich schon früher, während des ersten Prozesses gegen ihn, geäußert. Seine Strafverfolgung sei „die Rache der Linken an der deutschen Einheit".[5] Den Medien, allen voran den linken unter ihnen, warf er vor, hauptsächlich negativ über ihn berichtet zu haben und verglich sie mit der DDR-Fernsehsendung „Schwarzer Kanal". Überhaupt sei dem Land Berlin mit den Immobilienfonds der Bankgesellschaft gar kein Schaden entstanden, vielmehr seien die Immobilien solide finanziert und brächten dem Land heute Gewinne ein. Der Berliner Bankenskandal ist nach Landowskys Verständnis also eine Erfindung der Linken und er selbst die politisch verfolgte Unschuld, die sich nach Verlautbarungen seiner Anwälte einer „gnadenlosen Hetzjagd"[6] ausgesetzt sieht. Man kennt diese Art der Realitätsverweigerung von Skandalpolitikern wie Helmut Kohl oder Silvio Berlusconi.

Über Jahre hinweg verstand Landowsky es, sich als eine Art heimlicher Herrscher der Stadt zu inszenieren. Schon bevor er zum CDU-Fraktionsvorsitzenden wurde, galt er als begnadeter Strippenzieher. In den 1970er Jahren begann er mit seiner Clique, die sich um den CDU-Politiker Klaus-Peter Kittelmann scharte und deshalb „K-Gruppe" genannt wurde, die Berliner Union umzukrempeln und wichtige Posten im Abgeordnetenhaus zu besetzen. 1984 war es dann endlich geschafft. Sein Intimus Eberhard Diepgen wurde Regierender Bürgermeister, dem nun vom Fraktionsvorsitzenden Landowsky der Rücken freigehalten wurde. In dieser Position gab Landowsky den gerissenen Machtpolitiker. An ihm sollte in Berlin keiner vorbeikommen, der an Geld, Posten, Macht Interesse hatte.[7] Andererseits war er bemüht, als ein Politiker für die „kleinen Leute" zu erscheinen. Sein dabei an den Tag gelegtes Currywurst-niveau spiegelte sich auch in seinen Reden im Abgeord-netenhaus wider. Unvergessen ist sein menschenfeindli-cher Rattenvergleich: „Es ist nun einmal so, daß dort, wo Müll ist, Ratten sind. Und daß dort, wo Verwahrlo-sung herrscht, Gesindel ist. Das muß in der Stadt besei-tigt werden!"[8] Parallel zu seiner politischen Karriere stieg er zu einem vergleichsweise wichtigen Bankchef auf. Ab 1978 bekleidete der gelernte Rechtsanwalt einen Posten in der landeseigenen Berliner Pfandbrief-Bank, der späteren BerlinHyp. 1987 wurde er Vorstandsspre-cher, 1993 Vorstandsvorsitzender der in eine Aktienge-sellschaft umgewandelten Bank. Ursprünglich hatte das Institut seine Hauptaufgabe in der Wohnungsbaufinan-zierung nach dem speziellen öffentlichen Westberliner Förderungsmodell des Bundes. Als es das nicht mehr gab und die Bank eigentlich keine Geschäftsgrundlage mehr hatte, wandelte diese sich zur reinen Immobilienbank und wurde gemeinsam mit der Landesbank Berlin, der Berliner Bank und der Investitionsbank Berlin 1994 in die neu gegründete Holding „Bankgesellschaft Berlin" eingebracht.

Spiel mit dem Feuer

Diese zusammengewürfelte Bankgesellschaft begann nun über ihre Tochter IBG mit der Auflage geschlossener Immobilienfonds und avancierte im Laufe der 1990er Jahre zur deutschen Marktführerin. Denn ihre Fonds waren etwas ganz Besonderes: Sie waren mit umfangreichen Garantien für die Anleger ausgestattet. Unter anderem wurden Mieteinnahmen für 25 Jahre zugesichert. Weiterhin wurde den Anlegern das Recht eingeräumt, ihren Anteil nach 25 Jahren zu 100 Prozent der Einstiegssumme und nach 30 Jahren zu 115 Prozent an die Bank zurückzugeben. Solche Regelungen machten die Fonds für die Anleger zu einem nahezu risikolosen Investment. Für die Bank Berlin Hyp allerdings bedeutete diese Geschäftspolitik ein hohes Risiko. Denn wenn die Fondsimmobilien die prognostizierten Mieteinnahmen nicht erbringen konnten, mußte sie aus eigener Tasche die garantierte Rendite der Zeichner zahlen. Und so kam es, daß die Bank immer neue und größere Fonds auflegte, wohl auch, um mit den kurzfristigen Einnahmen aus dem Anteilsverkauf der neuen die Garantiezahlungen aus den alten bewerkstelligen zu können – ein Spiel mit dem Feuer. Schon ab 1997 wiesen verschiedene Wirtschaftsprüfer auf die problematische Entwicklung im Immobilienfondsgeschäft hin. Ein Bericht, der die spätere krisenhafte Entwicklung präzise voraussagte, verschwand gar in der Schublade. Den Verantwortlichen in Vorstand und Aufsichtsrat, in dem auch Landespolitiker saßen, und in den zuständigen Verwaltungen des Landes Berlin müßte eigentlich etwas aufgefallen sein, so sie ihre Kontrollaufgaben wirklich ernst nahmen. Als einige von ihnen Jahre später vor dem parlamentarischen Untersuchungsausschuß nach diesen Berichten gefragt wurden, konnte oder wollte sich fast keiner so recht an sie erinnern. Die Krise der Bankgesellschaft wurde im Jahr 2000 akut. In einer später von dem Journalisten Mathew D. Rose veröffentlichten Vorlage für den Vorstand der Bankgesellschaft, die vom 7. November 2000 datiert, war ein Szenario beschrieben, das als „Cayman-Deal" bekannt wurde. Da sich das Schneeballgeschäft mit den Immobilienfonds zu einer Gefahr für den Konzern entwickelt hatte, entwarfen die Verantwortlichen einen Plan, nach dem die IBG aufgespaltet und zum Teil über eine Zweckgesellschaft auf den Cayman-Islands verkauft werden sollte. Bei diesen Investoren handelte es sich allerdings um eine ebenfalls in der Steuroase beheimatete Gesellschaft, die den Kauf über eine Luxemburger Tochter der Bankgesellschaft finanzieren wollte. Der ganze Deal entpuppte sich als sogenanntes In-sich-Geschäft und mußte rückabgewickelt werden. Als diese Vorgänge Anfang 2001 öffentlich wurden, nahm der Berliner Bankenskandal seinen Lauf. In diesem Zusammenhang wurde auch die risikoträchtige Konstruktion der Immobilienfonds der Bankgesellschaft bekannt und hinzu kam — wie es zu jedem richtigen politischen Skandal gehört — eine Geschichte rund um vermeintliche Korruption. Thematisiert wurde dabei vor allem das Verhältnis zwischen Landowsky und den beiden Geschäftsführern der Immobilienfirma AUBIS. Dabei handelte es sich mit

Klaus Wienhold und Christian Neuling um zwei ehemalige CDU-Politiker, die im Ostdeutschland der 1990er Jahre das schnelle Geld machen wollten. Hierfür entwickelten sie ein fragwürdiges Geschäftsmodell: Sie kauften mit Krediten von Landowskys BerlinHyp mehrere tausend Plattenbauwohnungen der ehemaligen DDR-Wohnungsbaugesellschaften auf. Diese wollten sie sanieren und teurer weiterverkaufen. Die Kalkulation ging nicht auf, die AUBIS geriet in Schwierigkeiten, die BerlinHyp sprang ihr bei; und es wurde dafür gesorgt, daß die AUBIS-Immobilien im Fonds der IBG untergebracht wurden. Dort machten sie einen beträchtlichen Teil der später als „Schrottimmobilien" bezeichneten Bestände aus. Im Februar 2001 wurde bekannt, daß Wienhold und Neuling 1995 eine „Parteispende" in Höhe von 40000 DM an Landowsky übergeben hatten. Ein internes AUBIS-Papier, das an die Öffentlichkeit gelangte, läßt den Schluß zu, daß diese „Spende" zur Beschleunigung der Kreditvergabe für die fragwürdigen AUBIS-Geschäfte dienen sollte. Und so wurde Landowsky mehr oder weniger offen unterstellt, er vermische seine Tätigkeit als CDU-Fraktionsvorsitzender mit der des Bankchefs. Dies kostete ihn schließlich seine Ämter in Fraktion und Bank und wurde vor allem von der mitregierenden SPD, die die CDU aus dem Senat drängen wollte, genüßlich ausgeschlachtet.

Rundum-sorglos-Fonds ...

Gegenstand des nun zu Ende gegangenen Verfahrens war die Auflage der oben beschriebenen „Rundum-sorglos-Fonds". Dieser wichtigste Prozeß zum Bankenskandal begann 2009 und drehte sich um zwei der großen Fonds: Den LBB-Fonds 12, der 1998 aufgelegt wurde, und den IBV-Fonds Deutschland 1 von 1999. Daß lediglich diese beiden vor Gericht behandelt wurden, mag seinen Grund darin haben, daß die Staatsanwälte es mit einer erschlagenden Materialfülle zu tun hatten. Man spricht von einer Turnhalle voller Aktenordner und Millionen von Dateien auf digitalen Datenträgern. Gerade der LBB-Fonds 12 eignet sich gut als Anschauungsmaterial für die Geschäftspolitik der Bankgesellschaft. Er ist zum einen mit den oben genannten Garantien für die Fondszeichner ausgestattet, zum anderen enthält er reihenweise fragwürdige Immobilien: Nicht nur rund 4000 AUBIS-Wohnungen finden sich in ihm, sondern zum Beispiel auch Altenheime, vermietet an die Pro-Seniore-Gruppe. Diese hatte allerdings Probleme mit der Mietzahlung, was aus dem Geschäftsbericht des Fonds für das Jahr 2000 hervorgeht. Aufgrund der zweifelhaften Qualität der in ihm untergebrachten Immobilienbestände entpuppte sich der Fonds bald nach seiner Auflage als Zuschußgeschäft für die Bank. So mußte sie laut der Leistungsbilanz ihrer Fonds-Vertriebsgesellschaft IBV bereits für das Jahr 2001 17,2 Millionen Euro an Garantiezahlungen vornehmen. Landowsky und seinen Mitangeklagten wurde nun vorgeworfen, nichts gegen solche Geschäfte unternommen zu haben, obwohl bei der Auflage der Fonds schon ersichtlich gewesen sei, daß die Anlegergarantien aufgrund des Zustands der Immobilien und der Situation auf dem Markt ein hohes Risiko für die Bank darstellten. Die Angeklagten hätten einen daraus resultierenden Schaden bewußt in Kauf genommen, was den Tatbestand der Untreue erfüllen würde.

Das am 14. Februar gesprochene Urteil hat in wegweisender Manier herausgestellt, daß solch eine Art von Mißwirtschaft nur schwer oder überhaupt nicht juristisch zu ahnden ist. Nun mag für Landowsky und Co. die Sache erledigt sein. Für das Land Berlin haben die Probleme erst angefangen. Denn in Konstruktion und Geschäfte der Bankgesellschaft war die Landesbank eingebunden. Und für diese stand das Land Berlin in Haftung. Als die Bankgesellschaft 2001 ins Wanken geriet, wurde dies zur Begründung dafür herangezogen, weshalb eine Rettung des Konzerns ohne Alternative sei. Die gleichzeitig mit der Bankgesellschaft zusammenbrechende große Koalition gab eine Garantieerklärung ab, der folgende „rot-grüne" Übergangssenat schoß 1,75 Milliarden Euro Kapital in die Bank. Und nachdem im Winter 2001/2002 „plötzlich" Risiken im Immobilienfondsgeschäft auftauchten, sorgte der „rot-rote" Senat im April für eine Risikoabschirmung für die Fonds in einer Höhe von bis zu 21,6 Milliarden Euro. Dazu zählte die Übernahme der Immobilienfonds durch das Land Berlin. Diese Last verkauft „Rot-Rot" noch heute als „erfolgreiche Sanierung" der Bankgesellschaft. Dabei ist der Umgang mit den Bankgesellschaftsrisiken bislang alles andere als ein Erfolg. Die Fonds befinden sich gegenwärtig in der landeseigenen Berliner Immobilien Holding (BIH). Diese soll das Portfolio aus 595 Objekten mit 38000 Wohnungen und zahlreichen Gewerbeimmobilien managen und optimieren. Das eigentlich ausgelobte Ziel des Senats war es, die BIH möglichst rasch zu verkaufen. Das gelang bis heute nicht, der letzte Versuch scheiterte Anfang Februar (vgl. *junge Welt* vom 9. 2.2011). Und weil die Fondsimmobilien nach wie vor mit enormen Risiken belastet sind, verursacht die BIH fortlaufend Kosten für den Landeshaushalt. So steht der Senat zum Beispiel wegen des maroden Zustands einiger Häuser vor der Wahl, entweder viel Geld in deren Sanierung zu stecken oder hohe Summen für die immer noch laufenden Mietgarantien auszugeben. Weiterhin liegen auf den Immobilien Kreditschulden, die die Bankgesellschaft zu deren Finanzierung aufgenommen hatte. Für diese bürgt das Land in einer Höhe von 4,1 Milliarden Euro. Hinzu kommt, daß 7300 Berliner Wohnungen der BIH noch im Fördersystem des „sozialen Wohnungsbaus" stecken. Ein Westberliner Überbleibsel, das in erster Linie Bauherren über Jahrzehnte fördern sollte. Die Mieter zahlen hier weit weniger als die „Kostenmiete", in die der Bauherr seine sämtlichen Verpflichtungen einrechnet, die dann vom Land subventioniert werden. 2003 wurde dieses System durch die Landesregierung beendet. Allerdings hatte sich „Rot-Rot" keinerlei Gedanken gemacht, was mit den Mietern in diesen Sozialwohnungen geschehen soll. Denn fällt die Förderung weg, kann der Eigentümer die Miete auf die „Kostenmiete" erhöhen, die sozial schwache Bewohner sich jedoch gar nicht leisten können. Dieser Mechanismus wird wohl auch bei den BIH-Wohnungen greifen. Und dies kann zweierlei bedeuten: Entweder die Mieten werden stark erhöht oder das Land subventioniert die Wohnungen weiter aus seinem Haushalt. Was der Bankenskandal letztendlich kosten wird, kann heute noch gar nicht gesagt werden. Der 2007 beim Verkauf der Bankgesellschaft samt Sparkasse erzielte Erlös von 4,6 Milliarden Euro ist mittlerweile so gut wie aufgebraucht. Das heißt, die Folgen dieser Immobiliengeschäfte werden in absehbarer Zukunft direkt auf den Landeshaushalt durchschlagen.

Was bleibt?

Neben dem von den Verantwortlichen in Politik und Bankgesellschaft angerichteten Schaden bleibt wohl nur die Erkenntnis, daß nach dem Berliner Bankenskandal weder in der Landespolitik noch auf Bundesebene irgendeine Art von Lernprozeß eingesetzt hat. Weder wurde die Bankenaufsicht so reformiert, daß sie solche Entwicklungen aktiv verhindern könnte – die Verwicklung zahlreicher deutscher Banken in die Finanzmarktkrise ab 2007 ist hierfür der klarste Beweis –, noch wurde das Wirtschaftsstrafrecht dergestalt angepaßt, daß Schiebereien wie jene bei der Bankgesellschaft oder aktuell solche mit „toxischen Papieren" angemessen verfolgt werden können. Der Freispruch für Landowsky droht daher zum Präzedenzfall für die wenigen anstehenden Verfahren im Zuge der aktuellen Finanzmarktkrise zu werden. Auch angesichts der milliardenschweren Bankenrettungen zeigt sich, daß in Berlin diese Entwicklung nur vorweggenommen wurde: Wenn ein Finanzinstitut sich selbst in den Abgrund stürzt, kommt der Staat und fängt es bereitwillig auf. Das Besondere in Berlin ist lediglich, daß hier eine Partei an der Rettung beteiligt war, die sonst bemüht ist, sich einen kapitalismuskritischen Anstrich zu geben. Manche mögen dies als Beleg für „Regierungsfähigkeit" betrachten.

Anmerkungen:

[1] Landgericht Berlin (536) 2 StB Js 215/01 (13/04) Urteil vom 21. März 2007 u. Bundesgerichtshof 5 StR 260/08 Beschluß vom 4. Februar 2009

[2] Bundesverfassungsgericht, Pressemitteilung Nr. 60/2010 vom 11. August 2010 zum Beschluß vom 23. Juni 2010 – 2 BvR 2559/08, 2 BvR 105/09, 2 BvR 491/09

[3] BZ, Berlin, v. 11.2.2011

[4] BZ, Berlin, v. 11.2.2011

[5] Spiegel online v. 21.3.2007

[6] Berliner Zeitung v. 25.1.2011

[7] Vgl. Mathew D. Rose, Berlin. Hauptstadt von Filz und Korruption, München 1998. Zur Geschichte der „K-Gruppe" und des Berliner Filzes vgl. Michael Sontheimer/Jochen Vorfelder, Antes & Co. Geschichten aus dem Berliner Sumpf, Berlin 1986

[8] Abgeordnetenhaus von Berlin, Plenarprotokoll 13/24, S. 1776

Junge Welt 17. Februar 2011

Alter Schrott im neuen Kleid

Ob die neue Strategie für die Hinterlassenschaften des Bankenskandals aufgeht, ist mehr als fraglich

Es sollte wohl ursprünglich als Erfolg im von der großen Koalition ausgerufenen „Herbst der Entscheidungen" gefeiert werden. Doch überlagert vom Skandal um den Flughafen und dem damit verbundenen neuen Finanzbedarf geriet die Neustrukturierung der Berliner Immobilien Holding (BIH) zum Nebenschauplatz. Zu Unrecht – immerhin geht es um 740 Millionen Euro öffentliche Gelder, die nun in die landeseigene Holding gepumpt werden. Und wie seinen Vorgängern fehlt dem rot-schwarzen Senat für die BIH ein Konzept, das über das bloße Nachschießen finanzieller Mittel hinausgeht (siehe auch *MieterEcho* Nr. 351/Dezember 2011).

In der Berliner Immobilien Holding (BIH) befinden sich die in den 90er Jahren von der Bankgesellschaft Berlin aufgelegten Garantie-Immobilienfonds. Die beiden wichtigsten Garantien waren eine Mietgarantie, die den Fondszeichnern feste Mieteinnahmen unabhängig vom tatsächlichen Ertrag der Immobilien zusicherte, und eine Andienungsgarantie, die den Zeichnern zusichert, nach Ablauf von 25 Jahren ihren Anteil zu 100% der Investitionssumme der Bank zurückzuverkaufen. Dass bei solch einem nahezu risikofreien Angebot viele zuschlugen, ist nachvollziehbar, und so investierten immerhin rund 70.000 Zeichner in die Fonds der Bank. Da die Immobilien der Fonds jedoch nicht die entsprechenden Einnahmen generieren konnten, türmten sich die Risiken bei der Bank zum existenzgefährdenden

Volumen. Im Jahr 2001 stand sie kurz vor dem Zusammenbruch und das Land Berlin entschloss sich zu ihrer Rettung. Hierzu wurde zunächst das Eigenkapital erhöht, was das Land 1,75 Milliarden Euro kostete. Die Risiken aus dem Fondsgeschäft wurden von Berlin in einer Höhe von bis zu 21,6 Milliarden Euro „abgeschirmt", was bedeutet, dass das Land künftig für die Verluste aus diesen Geschäften aufzukommen hat. Nachdem die EU-Kommission die Bankenrettung betreffend möglicher wettbewerbsgefährdender Beihilfen überprüft hatte, erließ sie 2004 eine Auflage, die unter anderem den Verkauf der landeseigenen Anteile am Bankenkonzern vorsah. Zum Verkauf kam es 2007, nachdem ein Jahr zuvor die „abgeschirmten" Immobilienfonds in Form der BIH auf das Land übertragen wurden. Vom erzielten Kaufpreis von 5,3 Milliarden Euro flossen 4,6 Milliarden Euro in eine Sonderrücklage, die der damalige rot-rote Senat eigens zum Auffangen der mit den BIH-Fonds übernommenen Risiken bildete. Von dieser Rücklage waren im Juli 2012 bereits 4,1 Milliarden Euro verbraucht. So geht es aus dem „Vierteljahresbericht zur Risikoabschirmung" des Senats hervor. Diese Situation war seit Jahren absehbar, denn bislang ist es – entgegen so mancher Ankündigung – weder dem großsprecherischen Finanzsenator Thilo Sarrazin (SPD) noch seinem etwas leiser wirkenden Nachfolger Ulrich Nußbaum (parteilos) gelungen, die BIH zu für das Land Berlin vertretbaren Bedingungen zu veräußern.

„Mit Unsicherheiten behaftet"

Die BIH und ihre Tochtergesellschaften verwalten 571 Objekte mit rund 42.000 Mieteinheiten. Diese sind über ganz Deutschland verstreut und reichen von Einkaufszentren über Hotels oder Plattenbausiedlungen bis hin zu Multiplexkinos. Aufgrund der aktuellen Wohnraumdiskussion lohnt der Blick auf ihre Berliner Bestände, denn zu diesen gehören 31 Apartmentobjekte und 45 Wohnanlagen, die wiederum 20.000 Wohneinheiten umfassen. Alle Objekte befinden sich im Eigentum von 12 Immobilienfonds der BIH. Seit einigen Monaten betonen Koalitionspolitiker, dass diese Bestände auf irgendeine Weise in die landeseigenen Wohnungsbestände integriert werden sollten, um deren Zahl – wie im Koalitionsvertrag festgehalten – zu erhöhen. Nach Angaben der Senatsverwaltung für Finanzen befinden sich die Geschäftsführer der Wohnungsbaugesellschaften im Gespräch mit der BIH, mit dem Ziel, „gemeinsam mit den Wohnungsbaugesellschaften eine wirtschaftlich optimierte Lösung für die endgültige Übernahme in Landesbesitz umzusetzen". Das ist jedoch erst möglich, wenn die BIH vollständig über die Fondsimmobilien verfügt, was aufgrund der verbliebenen Fondszeichner bisher nicht der Fall ist. Zudem hält sich die Begeisterung bei den Wohnungsbaugesellschaften angesichts des aktuellen Verschuldungsstands der Berliner BIH-Bestände in Höhe von insgesamt 1,4 Milliarden Euro, dem ein Buchwert von 1,2 Milliarden Euro gegenübersteht, wohl offenbar eher in Grenzen.

„Liquiditätsmodell" für die BIH

Da mittlerweile die Sonderrücklage nahezu aufgebraucht ist, die BIH aber weiterhin finanzielle Unterstützung braucht, wurden zunächst für 2012 und 2013 jeweils 140 Millionen Euro in die Landeshaushalte eingestellt. Der neuen Strategie des Senats zufolge soll die BIH einmalig mit „ausreichender Liquidität" versorgt werden, die bis zum Jahr 2026 halten soll. Hierzu summierte der Senat den Rest der Sonderrücklage mit den im Haushalt eingestellten 280 Millionen für 2012 und 2013, was eine Gesamtsumme von 740 Millionen Euro ergibt. Damit ausgestattet soll die BIH künftig ihren Weg als „normale Landesbeteiligung" gehen. Das Abgeordnetenhaus stimmte diesem Geschäft mit den Stimmen der Koalition am 25. Oktober 2012 zu. Gleichzeitig wurde die ursprüngliche Summe der Risikoabschirmung von 21,6 Milliarden auf 3,8 Milliarden Euro gesenkt. Das ist allerdings eher als populistischer Schachzug zu verstehen, denn nach wie vor bürgt das Land für alle bei den Immobilienfonds anfallenden Risiken, nur nun eben auf einer anderen Berechnungsgrundlage. Ob das „Liquiditätsmodell" wirklich greifen wird, scheint selbst der Landesregierung fraglich. So heißt es in der Begründung zur Vorlage für die oben genannte Parlamentsabstimmung etwas verschämt: „Die Berechnung der notwendigen Liquiditätsausstattung der BIH-Gruppe beruht auf Prognoserechnungen über die zukünftige Entwicklung der Immobilienfonds. Insofern ist sie naturgemäß mit Unsicherheiten behaftet." Wie die künftigen Geschäfte kontrolliert werden sollen, bleibt offen. Bislang war hierfür die Berliner Gesellschaft zum Controlling der Immobilien-Altrisiken (BCIA) zuständig, die die Rechtmäßigkeit von aus der Risikoabschirmung abgeleiteten Ansprüchen der BIH überprüfte. Die BCIA soll ihre Arbeit nun einstellen. Ob ohne sie ein tatsächliches Controlling stattfinden wird, kann mit Blick auf andere Landesbeteiligungen zumindest angezweifelt werden.

Die BIH selbst veränderte im Juni 2012 ihre Konzernstruktur und tritt seitdem unter dem Namen Berlinovo auf. Der Konzern sieht sich nun „auf dem Weg zu einem modernen, auf Kernkompetenzen fokussierten und am wirtschaftlichen Ergebnis orientierten landeseigenen Immobilienunternehmen". Das erklärte Ziel bleibe „der vollständige Erwerb aller Fondsanteile, um auf diese Weise völlige Handlungsfreiheit über das Portfolio der 24 Rückkauffonds zu erlangen". Dieser blumige Verweis umschreibt das seit Jahren bestehende große Problem: Die verbliebenen Fondszeichner. Zwar hatte sich ein Großteil der ursprünglichen Zeichner vor einigen Jahren nach langwierigen Auseinandersetzungen mit der BIH geeinigt, sodass das Land Berlin teilweise über 90% der Anteile in einzelnen Fondsgesellschaften besitzt. Damit kann das Land aber nach wie vor nicht über die Fonds und damit die Immobilien verfügen, denn nach wie vor halten ca. 6000 Zeichner an ihren Anteilen fest und können damit ihre Minderheitenrechte in den Gesellschafterversammlungen der Fonds geltend machen. Die Vertreter der Zeichner, die öffentlich auftreten, zeigten sich mit den bisherigen Angeboten des Landes nicht einverstanden und pochen weiter auf die seinerzeit von der Bankgesellschaft gegebenen und mit der Risikoabschirmung vom Land übernommenen Garantien. Doch ohne eine Einigung mit den verbliebenen Zeichnern – sprich: deren Herauskaufen aus den Fonds – bleiben alle Absichtserklärungen der Landesvertreter betreffend der Fondsimmobilien Makulatur. Scharf kritisiert wird das „Liquiditätsmodell" vom Landesrechnungshof. Dieser moniert laut Medienberichten unter anderem, dass der Senat die Mitglieder des Abgeordnetenhauses durch die übermittelten Unterlagen nicht ausreichend informiert habe. Zudem sei nicht sicher, dass die nun aufgebrachten 740 Millionen Euro tatsächlich zur längerfristigen Sicherung der Liquidität ausreichen. Weiterhin ist es für den Rechnungshof fraglich, dass der im Liquiditätsmodell angenommene vollständige Ankauf der restlichen Fondsanteile bis Ende 2013 wirklich umgesetzt werden kann. Solcherlei Kritik weist der Senat jedoch scharf zurück: „Die Bedenken des Landesrechnungshofs sind sämtlich nicht zutreffend und geben daher keinen Grund, die Strategie bezüglich der Berlinovo zu ändern", heißt es in der Antwort der Senatsverwaltung für Finanzen auf Anfrage der Piratenfraktion.

MieterEcho 358 / Februar 2013

Kandidatin mit Vergangenheit

Die ehemalige Finanzsenatorin Annette Fugmann-Heesing (SPD) will noch einmal ins Abgeordnetenhaus einziehen

Für die Wahlen zum Berliner Parlament am 18. September 2011 präsentiert sich die heutige Abgeordnete Fugmann-Heesing als wirtschaftsaffine Sozialdemokratin. „Eine gerechte und solidarische Welt ist nur möglich, wenn viele bereit sind, sich auch für andere und für gesamtgesellschaftliche Anliegen zu engagieren." So das Credo auf ihrer Website. Dabei ist höchst fraglich, ob ihr bisheriges politisches Engagement für „gesamtgesellschaftliche Anliegen" vorteilhaft war. Denn ob Bankenskandal oder Teilprivatisierung der Berliner Wasserbetriebe: Fugmann-Heesing war aktiv daran beteiligt.

Die gelernte Juristin wurde Anfang 1996 von Klaus Böger, dem damaligen Fraktionsvorsitzenden der SPD, als Finanzsenatorin durchgesetzt. Zwei Jahre zuvor hatte sie die politische Verantwortung für die „Lotto-Affäre" in Hessen übernommen und war als dortige Finanzministerin zurückgetreten. Schon damals war die Besetzung des eher karriereschädlichen Postens eines Berliner Finanzsenators keine einfache Angelegenheit, da seit der Wende keine Koalition den Landeshaushalt in den Griff bekommen hatte. Ein Zustand, der bis heute anhält.

Privatisierungskahlschlag

Fugmann-Heesing, die dem rechten Flügel der SPD zuzuordnen ist, präsentierte sich wie später auch ihr

Nachfolger Thilo Sarrazin als resolute und tabubrechende Konsolidierungspolitikerin. Und genauso wie ihr Nachfolger schob sie vor allem Probleme vor sich her und stopfte mit einem strikten Privatisierungskurs kurzfristig ein paar Löcher im Landeshaushalt. „Sie kam, sah und verkaufte", schrieb die *Berliner Morgenpost* damals über die neue Senatorin, die „alte Tabus und Grundsätze der Sozialdemokraten (...) mit dem Rechenschieber über den Haufen" werfen würde. Opfer des Privatisierungskahlschlags waren neben Bewag und Gasag auch die Berliner Wasserbetriebe. Letztere wurden 1999 zu 49,9% an die privaten Investoren RWE und Vivendi (heute Veolia) verkauft. Fugmann-Heesing gilt hier als eine treibende Kraft für die Entstehung der komplexen Konzernstruktur, bei der es sich zum einen um eine Wiederauflage des Konzernmodells der Berliner Bankgesellschaft und zum anderen um eine neue Art einer „Public-Private-Partnership" (PPP) handelt. Der Clou der Konstruktion ist, dass eine Anstalt öffentlichen Rechts einer privatrechtlich organisierten Holding unterstellt wird und die privaten Anteilseigner auf die Geschäfte des Gesamtkonzerns großen Einfluss ausüben können.

Geheimvertrag und Mehrfachmandate

Geregelt wird die Teilprivatisierung in einem umfangreichen und bis vor Kurzem geheimen Vertragswerk. Nach der Offenlegung der Verträge, die der Berliner Wassertisch mit dem von ihm initiierten Volksentscheid Anfang dieses Jahres erzwungen hatte, stellte sich schnell heraus, dass die Kritiker/innen der Teilprivatisierung recht hatten. Im § 23 des Teilprivatisierungsvertrags verpflichtet sich das Land Berlin, bei Ereignissen, die den Gewinn der privaten Anteilseigner schmälern, einen finanziellen Ausgleich zu leisten. Es muss hierzu entweder auf seine eigenen Gewinne verzichten oder, falls dies nicht ausreichen sollte, mit öffentlichen Geldern für die Rendite der Privaten aufkommen. Das unternehmerische Risiko für die Privaten ist somit fast ausgeschlossen, da die Berliner/innen entweder über ihre Wasserrechnung oder über ihre Steuergelder das unter Fugmann-Heesing verscherbelte Tafelsilber im Nachhinein vergolden. So stiegen seit der Teilprivatisierung die Wasserpreise in Berlin um rund 35%. Sogar mögliche Änderungen der Gesetzeslage oder Verfassungsgerichtsurteile sollen mit dem Vertrag umgangen werden, und eventuell daraus resultierende wirtschaftliche Nachteile der Privaten muss das Land Berlin ausgleichen. Wie eine Finanzsenatorin einen solchen Vertrag zulassen kann, der nicht nur privaten Investoren die Rendite garantiert, sondern zudem noch Verfassungsorgane aushebelt, bleibt ein Geheimnis, das wohl nur ein parlamentarischer Untersuchungsausschuss klären könnte.

Bankenskandal: Nichts gesehen

Auch bei den Vorgängen um die Bankgesellschaft Berlin spielte Fugmann-Heesing eine maßgebliche Rolle. Schließlich war sie von 1996 bis 2000 im Aufsichtsrat der Bankgesellschaft und von 1996 bis 2001 im Aufsichtsrat der zum Konzern gehörenden Landesbank Berlin. Unter dem Label der Landesbank legte die Konzerntochter IBG reihenweise geschlossene Immobilienfonds auf, die mit äußerst ungewöhnlichen Garantien ausgestattet waren. So wurde den Anlegern garantiert, ihre Anteile nach Ende der Laufzeit zu 100% des Kaufpreises zurück an die Bank geben zu können. Zudem garantierte die Bank die Mieteinnahmen. Für die Anleger war somit die Qualität der sich in den Fonds befindenden Immobilien egal. Für die Bank wurde es problematisch, da in die Fonds viele problembehaftete Objekte mit zu geringen Mieteinnahmen eingebracht wurden. Somit musste die Bank aus eigener Tasche für die Rendite der Anleger aufkommen. Das alles kam 2001 ans Licht, führte zum Berliner Bankenskandal und kostet das Land bis heute jährlich Millionen. All dies geschah unter den Augen des Aufsichtsrats, also auch der Finanzsenatorin.

Vergessliche Zeugin

Im letzten großen Prozess gegen den ehemaligen Bankdirektor und CDU-Fraktionsvorsitzenden Klaus-Rüdiger Landowsky (CDU) sowie weitere Vorstände des Konzerns ging es um die Frage, ob die Auflage solcher Garantiefonds den Straftatbestand der Untreue erfüllt. Wie sich Anfang 2011 zeigte, ist diese Art der Misswirtschaft nicht strafbar. Als Zeugin war auch das ehemalige Aufsichtsratsmitglied Fugmann-Heesing geladen. Sie gab zu Protokoll, dass sie sich nicht mehr genau an einzelne Vorgänge erinnern könne. Vor einigen Jahren konnte sich Fugmann-Heesing allerdings noch recht gut an ihre Arbeit bei der Bankgesellschaft erinnern. Vor dem Untersuchungsausschuss zum Bankenskandal gab sie im Mai 2004 zumindest an, dass sie als Aufsichtsratsmitglied ihre Kontrollfunktion in großem Umfang wahrgenommen habe. „Und ich war die Kritischste in Bezug auf diese Fonds", wird sie im als „vertraulich" eingestuften Protokoll ihrer Vernehmung zitiert. Allerdings geht aus diesem Protokoll auch hervor, dass die

102

kritische Haltung Fugmann-Heesings darin bestand, sich auf die Aussagen der Vorstände der Bankgesellschaft-Tochter zu verlassen, die die Fonds auflegte. Schon 1997 hatten diese angekündigt, keine Fonds mit Mietgarantien mehr auflegen zu wollen, taten es aber dennoch. Dazu sagte Fugmann-Heesing: „Wenn ein Vorstand einer Tochtergesellschaft in einem Aufsichtsrat eine dezidierte Aussage macht und sagt, das ist unsere Geschäftspolitik für die Zukunft, dann kann ich davon ausgehen, dass das Aufsichtsgremium, das er hat, diese Geschäftspolitik für die Zukunft umsetzt." Besagte Mietgarantien sind jedoch in den Prospekten der jeweiligen Fonds ersichtlich – schließlich ging die Bank mit ihnen jahrelang hausieren und wurde vor allem wegen dieser Garantien zur Marktführerin im Bereich geschlossener Immobilienfonds in Deutschland. Die Prospekte sind allgemein zugänglich, nur Fugmann-Heesing will sie nicht gelesen haben. Vor dem Untersuchungsausschuss sagte sie: „Wenn es in Berlin Fondsprospekte gibt, dann können Sie, nur weil es diese Fondsprospekte in Berlin gibt, nicht sagen, dass das der Aufsichtsrat wissen muss."

Doppelmandat beim BBI-Bau

In einem anderen Fall jedoch musste Fugmann-Heesing ihr Mandat als Mitglied des Aufsichtsrats niederlegen – wenn auch nicht aus Kompetenzgründen. Im August 1999 verließ sie den Aufsichtsrat der Berlin Brandenburg Flughafen Holding. Zuvor hatte das Oberlandesgericht Brandenburg mit einer Entscheidung ins Vergabeverfahren für den Bau des neuen Großflughafens in Schönefeld eingegriffen. Fugmann-Heesing bekleidete bis dahin ein Doppelmandat, denn neben ihrem

Sitz im Aufsichtsrat der Flughafen-Holding war sie Mitglied im Aufsichtsrat der Bankgesellschaft. Und diese war beteiligt an einem Konsortium um den Bauriesen Hochtief, der sich im damaligen Bieterverfahren einbrachte. Fugmann-Heesing operierte zeitweise also sowohl auf der Seite eines potenziellen Auftragnehmers als auch auf der des Auftraggebers. Die erneute Kandidatur von Fugmann-Heesing, die bislang weder in der Politik noch in der Medienöffentlichkeit umfassend thematisiert wurde, ist ein Beleg dafür, dass der vom Regierenden Bürgermeister Klaus Wowereit (SPD) im Jahr 2001 proklamierte „Mentalitätswechsel" in der Berliner Politik, wenn überhaupt, nur sehr verhalten stattgefunden hat.

MieterEcho 348/Juli 2011

Gut im Geschäft

Eine PR-Firma, an der der ehemalige Senator Peter Strieder beteiligt ist, berät landeseigene Unternehmen

Peter Strieder war einst einer der mächtigen Männer der Berliner SPD. Er verhalf im Zuge des Berliner Bankenskandals dem damaligen SPD-Fraktionschef Klaus Wowereit zum Posten des Regierenden Bürgermeisters. Strieder selbst war seit 1995 Senator für Stadtentwicklung, stolperte allerdings 2004 über die Tempodrom-Affäre und zog sich aus der aktiven Politik zurück. Heute ist er „Senior Partner" der Berliner Niederlassung der international tätigen PR-Agentur Ketchum Pleon.

Schwerpunkt des Berliner Büros soll die Politikberatung sein und nach Angaben von LobbyControl arbeitete die Agentur bereits für verschiedene Bundesministerien. Dass auch mehrere landeseigene Unternehmen sowie Unternehmen, an denen das Land Berlin maßgeblich beteiligt ist, zu den Kunden der Agentur gehören, geht aus der Beantwortung einer parlamentarischen Anfrage der Piraten-Fraktion hervor. So wurde Ketchum Pleon 2007 und 2009 von der BSR beauftragt. Beim ersten Auftrag habe es sich um einen „Einzelauftrag zur punktuellen Unterstützung der PR-Arbeit des Unternehmens" gehandelt. Im Jahr 2009 habe sich die BSR an den Kosten eines Auftrags für die Ketchum Pleon im Rahmen des „Berliner Klimabündnisses" beteiligt. Dabei soll es um die „Unterstützung der Entwicklung einer Wanderausstellung für alle Teilnehmerinnen und Teilnehmer des Klimabündnisses" gegangen sein. Bei dem Bündnis handelt es sich um eine Initiative öffentlicher und privater Berliner Unternehmen wie BSR, BVG, Axel Springer AG und Siemens. Laut der Gründungserklärung von 2008 will das Bündnis Maßnahmen im Sinne des Klimaschutzes vorantreiben. Mit der Wanderausstellung soll der Bevölkerung die im Bündnis verwirklichte unternehmerische Verantwortung präsentiert werden. Auch von der BVG wurde die Agentur 2009 zweimal beauftragt. Einmal mit der Erstellung einer „Medienresonanzanalyse zur Wahrnehmung der BVG in den Medien" und einmal mit der „Produktion einer BVG-Stele für die Wanderausstellung des Berliner Klimabündnisses". Die Messe Berlin beauftragte sie 2009 mit der Erstellung eines „Grobkonzepts" für eine „Grüne Messe" auf dem Flughafengelände in Tempelhof. Nach Angaben des Senats sei das rund 30 Seiten umfassende Konzept allerdings „aus wirtschaftlichen Gründen" anschließend nicht umgesetzt worden. Zur Frage, welche Kosten der öffentlichen Hand durch dieses letztlich überflüssige Konzept entstanden sind, wollte der Senat keine Angaben machen. Auch zu den anderen Fällen gibt es keine diesbezüglichen Informationen.

Imageberatung für teilprivatisierte Wasserbetriebe

Ein etwas größeres Auftragspaket zog die Ketchum Pleon 2012 bei den Berliner Wasserbetrieben an Land. So sollten die Berater einen Workshop mit dem Vorstand durchführen, bei dem es um die Erarbeitung „von strategischen Ansätzen und Maßnahmen für die kontinuierliche Verbesserung der Unternehmensreputation vor dem Hintergrund des Kartellverfahrens" gegangen sein soll. Zudem habe zwischen April und Oktober 2012 monatlich ein „politisches Monitoring" zum Thema „Kartellverfahren und Reputation" stattgefunden. Dass die Berliner Wasserbetriebe sich Sorgen um ihre Reputation machen, dürfte daran liegen, dass ihre Preispolitik nach der Teilprivatisierung im Jahr 1999 im Zuge des erfolgreichen Volksentscheids der Bürgerinitiative „Berliner Wassertisch" in der Öffentlichkeit zunehmend kritisch beäugt wurde und auch das Kartellamtsverfahren in eben jene Kerbe schlug. Bei der Veröffentlichung des „1. Nachhaltigkeitsberichts" der Wasserbetriebe – einer sehr aufwendig gestalteten Broschüre – war die Ketchum Pleon mit „Konzept und Unterstützung bei der Durchführung der Kommunikation" beauftragt. Der Grund für die Beauftragung der Agentur soll nach Angaben der Senatsverwaltung für Finanzen die „ausgewiesene Kompetenz im Bereich Public Relations und Affairs" gewesen sein. Dass der Senat diese Kompetenz so betont, kann wohl derart verstanden werden, dass die Aufträge landeseigener Unternehmen keinesfalls im Zusammenhang mit der früheren Position des „Senior Partners" Peter Strieder stehen. Aber wer käme auch auf solch eine Idee?

MieterEcho 359 / April 2013

Das alte Berlin ist wieder da

Die Braun-Affäre zeigt die Gegenwart der Vergangenheit in der Berliner CDU

Als sich der Regierende Bürgermeister Klaus Wowereit (SPD) im vergangenen Herbst dafür entschied, die vollkommen unvorbereitete CDU in die Landesregierung zu hieven, war nicht zu ahnen, dass die neuaufgelegte Große Koalition lediglich zwölf Tage brauchte, um in die erste Affäre zu schlittern. Schnell kam die Rede auf die alte Landowsky-CDU, die gemeinsam mit der SPD Berlin in den 90er Jahren den Ruf als „Hauptstadt von Filz und Korruption" einbrachte. Zwar gab sich die CDU im Wahljahr 2011 als „rundum erneuerte" Partei, doch tatsächlich hat sie sich seit dem Bankenskandal nur marginal gewandelt.

Der Niedergang der CDU begann im ersten Halbjahr 2001. Damals war der Skandal um die Bankgesellschaft in vollem Gang. Immer neue Aspekte kamen ans Licht: Das von den Bankvorständen erdachte und grandios gescheiterte In-Sich-Geschäft über die Kaimaninseln, die jahrelange Auflage von Immobilienfonds mit vollkommen unüblichen Garantien für die Fondszeichner, die „Prominentenfonds" für Bankmanager und ihre politischen Freunde und schließlich die „Parteispende" der beiden Geschäftsführer der Immobilienfirma Aubis an den Vorstandsvorsitzenden der BerlinHyp und gleichzeitigen Berliner CDU-Fraktionsvorsitzenden Klaus-Rüdiger Landowsky. Die SPD und ihre Machtstrategen Peter Strieder und Klaus Wowereit witterten Morgenluft und begannen, inner-

halb der damaligen Großen Koalition gegen die CDU
zu manövrieren. Zunächst war mit der Person Landowsky als mächtigster Mann der CDU die perfekte
Skandalfigur gefunden.

Propaganda der SPD

Wie einschneidend die damalige SPD-Propaganda
wirkte, ist daran zu sehen, dass in weiten Teilen der
Öffentlichkeit noch heute der Berliner Bankenskandal
fast ausschließlich mit Landowsky und der CDU identi-
fiziert wird. Dabei war die SPD mit Annette Fugmann-
Heesing, Ditmar Staffelt oder Norbert Meisner ebenso
wie die CDU mit der Bankgesellschaft verbandelt. Der
Rücktritt Landowskys als Fraktionschef und Bankdirektor genügte der SPD nicht und so begann sie im Frühsommer des Jahres 2001 die Haushaltskrise des Landes
zu skandalisieren. Merkwürdigerweise gelang ihr das,
ohne dass allzu laute Fragen über die Mitverantwortung
der SPD und ihrer ehemaligen Finanzsenatorin Fugmann-Heesing laut wurden. Zu sehr hatte sich die öffentliche Wahrnehmung auf die CDU, insbesondere
Landowsky und den Regierenden Bürgermeister Eberhard Diepgen eingeschossen. Im Juni des Jahres beendete die SPD die Koalition und wagte, nach einem kur-
zen rot-grünen Intermezzo, eine damals noch fast als
Tabubruch gesehene Partnerschaft mit der PDS. Im
Nachhinein muss man Wowereit allerdings zugestehen,
dass er den richtigen Riecher hatte, denn einen beque-
meren und pflegeleichteren Koalitionspartner hätte man
lange suchen müssen.

Die Berliner CDU hingegen versank über Jahre in parteiinternen Auseinandersetzungen, Wahlniederlagen und politischer Leichtgewichtigkeit. Zunächst dilettierte Frank Steffel, Landowskys politischer Ziehsohn und brachialer Selbstdarsteller, als „Kennedy von der Spree" und bescherte der CDU bei den Abgeordnetenhauswahlen 2001 ein miserables Ergebnis. Es folgten Auseinandersetzungen um den Parteivorsitz. Der importierte Friedbert Pflüger und der in der Partei fest verwachsene Ingo Schmitt beharkten sich gegenseitig, bis es 2008 zu einer erneuten Führungskrise kam, aus der Frank Henkel als Parteivorsitzender hervorging. Heute gibt sich die Partei als „rundum erneuert" und Henkel mimt dabei den großstädtischen Konservativen. Doch dieses selbstgezeichnete Bild einer „modernen" CDU ist Augenwischerei. Schon die Wahl Henkels war ein Rückschritt in alte Zeiten, die zu heftigem innerparteilichen Protest führte. Der Fraktionsvorsitzende in der Bezirksverordnetenversammlung Steglitz-Zehlendorf Marc Wesser trat von seinem Amt zurück und kritisierte in einem Brief an Parteikollegen, dass die Partei „auch weiterhin von Hinterzimmern geführt" werde und an der Parteispitze „Eigennutz und Machterhalt um jeden Preis" vorherrschten. „Nun prägen nur noch Personen wie Frank Henkel, dessen politischer Mentor Frank Steffel (...) und die Herren Landowsky und Diepgen das Bild der Berliner Union. Das alte West-Berlin ist gut sichtbar zurückgekehrt", heißt es im Brief vom 14. Oktober 2008.

In der Tat erfolgte die Wahl Henkels nicht aus heiterem Himmel. An einem entscheidenden Gespräch nahm auch Klaus-Rüdiger Landowsky teil. Hinzugebeten hatte ihn Monika Grütters, die als Vertraute Landowskys gilt. Landowsky – so war es der in solchen Sachen stets gut informierten *Berliner Morgenpost* zu entnehmen – soll bei der Suche nach dem neuen Vorsitzenden „beratend" tätig gewesen sein und die Lösung „im Hintergrund" herbeigeführt haben. Dass Landowsky sich für Henkel aussprach, mag daran liegen, dass Henkel den alten Seilschaften der Berliner CDU entstammt und sich zuvor auf einigen Posten bewährt hatte. Ab 1996 war er Referent im Leitungsstab der Reinickendorfer Bezirksbürgermeisterin Marlies Wanjura. Reinickendorf wiederum war immer schon die politische Basis Frank Steffels. Von Januar bis Juni 2001 war Henkel Leiter des persönlichen Büros von Eberhard Diepgen. Und auch an anderer Stelle ist Henkel tief im konservativen Morast verwurzelt: Er ist, genauso wie Landowsky, Mitglied der schlagenden Verbindung „Sängerschaft Borussia". Ein anderes Mitglied dieser Verbindung war der 2003 verstorbene CDU-Politiker Peter Kittelmann, der in den 70er Jahren die „K-Gruppe" ins Leben rief, einen Kreis von CDU-Nachwuchskräften, zu dem neben Landowsky und Diepgen auch der spätere stramm rechte Innensenator Heinrich Lummer gehörten.

Neue Koalition

Als Landesvorsitzender und Spitzenkandidat war Henkel selbstverständlich im vergangenen Herbst an den Koalitionsverhandlungen mit der SPD beteiligt. Am Verhandlungstisch saßen auch Monika Grütters und Frank Steffel, sodass Landowskys Nachwuchs bei der Aushandlung des Koalitionsvertrags gut vertreten war. Unter den Verhandlungsteilnehmern war auch einer, dem die CDU ihren ersten Skandal in der neuen Legislaturperiode zu verdanken hat: Michael Braun. Dieser ist ebenfalls ein West-Berliner Gewächs, doch gehörte er in früheren Zeiten nicht zum eigentlichen Klüngel um Landowsky, sondern zusammen mit Uwe Lehmann-Brauns zum „liberalen" Flügel der Berliner CDU. In die Geschichte ging er als der Senator mit der kürzesten Amtszeit ein. Am 1. Dezember war er von Wowereit zum Justiz- und Verbraucherschutzsenator ernannt worden, am 12. Dezember bat er um seine Entlassung. Zeitgleich zu seiner Ernennung hatten Verbraucherschutzanwälte Vorwürfe gegen ihn erhoben. Er habe als Notar der mit Lehmann-Brauns gemeinsam geführten Kanzlei Verkäufe von sogenannten Schrottimmobilien beurkundet und damit Kleinanleger enorm geschädigt.

Skandal um Michael Braun

Verkäufe von mangelhaften Immobilien zu überhöhten Preisen, wie sie auch Braun beurkundet haben soll, laufen normalerweise so ab: Immobilienfirmen, die preisgünstig an Objekte gekommen sind, bauen einen „Strukturvertrieb" auf, um Wohnungen einzeln und überteuert weiterzuverkaufen. Hierzu werden per Telefon oder Hausbesuch Interessenten angeworben, denen man angeblich ausgeklügelte Steuersparmodelle verspricht. Beißt jemand an, ziehen die Profiverkäufer alle Register. Die potenziellen Kunden werden gezielt überrumpelt. Angeblich gibt es noch andere Interessierte und, um diesen zuvorzukommen, müsse schnell ein Vertrag beim Notar unterzeichnet werden. Am Ende stehen die Kunden mit einer minderwertigen Wohnung und einem Bankkredit da, den sie jahrelang abbezahlen müssen. Laut *Berliner Zeitung* gibt es unter den 900 Berliner Notaren nur ein Dutzend, die zu solchen Beurkundungen bereit sind. Braun wies die Vorwürfe stets zurück. Er habe als Notar nur die rechtlichen Risiken zu prüfen und sei kein wirtschaftlicher Berater, sagte er vor dem Rechtsausschuss des Abgeordnetenhauses, der sich mit den Vorwürfen gegen ihn befasste. Der damalige Generalsekretär der Berliner CDU und heutige Staatssekretär Bernd Krömer sprang Braun in einer Erklärung bei. Die öffentlich erhobenen Vorwürfe gegen ihn seien eine Kampagne, der er aufgrund seiner notariellen Schweigepflicht nur schwer begegnen könne. Die Anlegerschützer würden mit ihren Vorwürfen lediglich die Schweigepflicht Brauns ausnutzen. Braun selbst zeigte sich bis zum Schluss uneinsichtig. Er habe „im Interesse meiner Stadt, des Senats und meiner Partei" um seine Entlassung gebeten, wie es auf seiner Internetseite heißt. Doch selbst in seinem Abgang zeigt Braun, dass er nichts aus der Vergangenheit gelernt hat. Der Unterschied zwischen einer Entlassung und einem Rücktritt zahlt sich für ihn finanziell aus: Er hat als entlassener Senator einen sechsmonatigen Anspruch auf ein Übergangsgeld, das sich laut Medienberichten auf 50.000 Euro summieren soll. Die Stadt als Beute – das war das Motto der alten CDU und ist anscheinend auch das der „erneuerten".

MieterEcho 352/Januar 2012

Zurück in den Sumpf

Dem Berliner Justiz- und Verbraucherschutzsenator Michael Braun (CDU) werden dubiose Immobiliengeschäfte zur Last gelegt

Den Start der rot-schwarzen Landesregierung hatte man sich bei der Berliner CDU sicher anders vorgestellt: Schon nach wenigen Tagen wurde deutlich, daß die Partei nach wie vor fest mit dem alten Berliner Bau- und Immobiliensumpf verwoben ist. Michael Braun, von Beruf Rechtsanwalt und Notar und seit 1995 Abgeordneter, wurde am 1. Dezember vom Regierenden Bürgermeister Klaus Wowereit (SPD) zum Justiz- und Verbraucherschutzsenator ernannt. Parallel dazu erhoben Verbraucherschutzanwälte den Vorwurf, die von Braun und seinem CDU-Kollegen Uwe Lehmann-Brauns geführte Kanzlei habe Verkäufe von Schrottimmobilien beurkundet und damit Kleinanleger massiv geschädigt. Solche „Mitternachtsgeschäfte" laufen wie folgt ab: Immobilienfirmen, die billig und massenhaft Objekte erworben haben, bauen einen „Strukturvertrieb" auf, um minderwertige Wohnungen einzeln und zu überteuerten Preisen an den Mann zu bringen. Hierzu werden per Telefon oder Hausbesuch Interessenten angeworben, denen man angeblich raffinierte Steuersparmodelle verspricht. Plötzlich ist Eile angesagt. Man drängt die Interessenten zu einem Termin beim Notar, der sich ausnahmsweise am Abend oder am Wochenende Zeit genommen hat, weil es doch so schnell gehen muß. Mit dieser Masche werden Verbraucher gezielt überrumpelt und stehen am Ende mit einer wertlosen Eigentumswohnung da, die sie oft vorher nicht einmal gesehen , aber per Kredit finanziert haben. Tausende Kleinanleger sind durch solche Käufe in der BRD in den Ruin getrieben worden. Braun soll Geschäfte dieser Art als Notar beurkundet haben. Laut Informationen der *Berliner Zeitung* ist unter den 900 Berliner Notaren nur ein Dutzend dazu bereit. Am Mittwoch wies Braun die Vorwürfe im Rechtsausschuß des Abgeordnetenhauses zurück: Er habe nie rechtswidrig gehandelt und auch nie bewußt die Interessen von Verbrauchern mißachtet. Zudem habe er als Notar nur die rechtlichen Risiken solcher Geschäfte zu beurteilen und sei kein wirtschaftlicher Berater. Für welche Firmen er Verträge beurkundete, wollte Braun aufgrund der notariellen Schweigepflicht nicht sagen. Immerhin: Die Berliner Unternehmensgruppe „Grüezi", die laut Schutzgemeinschaft für geschädigte Kapitalanleger mit den genannten Methoden arbeitet, residierte zeitweise im selben Haus am Kurfürstendamm wie Brauns Kanzlei. Nach der Sitzung des Rechtsausschusses bezweifelten Anlegerschützer den Wahrheitsgehalt von Brauns Aussagen und forderten erneut seinen Rücktritt. Deutliche Risse zeigt somit die neue Fassade, die sich die Berliner CDU nach dem Berliner Bankenskandal zulegen wollte. Damals war sie mit Schimpf und Schande aus der Regierung gejagt worden, auch weil ihr damaliger Fraktionsvorsitzender Klaus-Rüdiger Landowsky eine tragende Rolle beim Bankenskandal gespielt hatte. Seitdem versuchte sie, bei beachtlichem Personalverschleiß, das Image der verfilzten Westberliner Klientelpartei loszuwerden und sich zur „modernen Hauptstadt-CDU" zu wandeln. Daß es damit nicht weit her ist, zeigt nicht nur Michael Braun. An den Koalitionsverhandlungen waren neben ihm auch Frank Steffel und Monika Grütters, beide Ziehkinder Landowskys, und allen voran Frank Henkel beteiligt.

Henkel wiederum wurde 2008 Parteivorsitzender, nachdem Landowsky „beratend" tätig gewesen war. Vielleicht hat das auch damit zu tun, daß beide „Alte Herren" derselben schlagenden Verbindung – der Sängerschaft Borussia – angehören.

Junge Welt 10. Dezember 2011

Runderneute Sumpfgewächse*

Es gibt ernstzunehmende Menschen, die Klaus Wowereit für einen strategischen Denker halten. Das ist ein Binsenirrtum. Wowereit hat keinen einzigen originellen Gedanken zur Zukunft der SPD oder der Metropole Berlin. Mit seiner eher „dunklen Seite" („Süddeutsche Zeitung") hat er jetzt auch noch höchst autoritär ein Bündnis mit der angeblich rundum erneuerten CDU geschmiedet, ohne auf deren Vergangenheit auch nur ansatzweise einzugehen. Im Zuge der Affäre um den zurückgetretenen Justiz- und Verbraucherschutzsenator Michael Braun (CDU) wird in diesen Tagen viel an die alte Landowsky-CDU erinnert, deren abgestandener Currywurst-Odem wieder durch die Ritzen der möchte-gern-modernen Fassade zu wabern scheint. Wie beseelt die Partei vom alten Geist ist, zeigte sich aber schon während den Koalitionsverhandlungen. Neben Braun waren auch Monika Grütters, Frank Steffel und Frank Henkel Mitglieder der achtköpfigen Verhandlungs-kommission. Grütters und Steffel gelten als Ziehkinder Landowskys. Und Frank Henkel, der fröhlich-biedere Konservative, übernahm während der Führungskrise 2008 den Vorsitz, nachdem Grütters Landowsky zum entscheidenden Gespräch dazugebeten hatte. Landows-ky – so wusste die *Berliner Morgenpost* zu berichten – war „beratend" tätig und habe die gefundene Lösung „im Hintergrund" herbeigeführt. Henkel ist wahrlich gut vernetzt in den alten Seilschaften: Von Januar bis Juni 2001 war er Leiter des persönlichen Büros von Eberhard Diepgen, davor seit 1996 Referent im Leitungsstab der Bezirksbürgermeisterin im Bezirk Reinickendorf, der politischen Basis Frank Steffels. Auch an anderer Stelle reichen die Wurzeln Henkels in sumpfiges Gebiet: Er ist Mitglied der schlagenden Verbindung „Sängerschaft Borussia", zu der auch Landowsky gehört. Ein anderes Mitglied dieser Verbindung war der 2003 verstorbene CDU-Politiker Peter Kittelmann, der in den 70er Jahren die „K-Gruppe" ins Leben rief, einen Kreis von CDU-Nachwuchskräften, zu dem neben Landowsky und Diepgen auch der spätere Innensenator Heinrich Lummer gehörten. Zwar trennen Henkel altersmäßig gut 20 Jahre von diesen „Altvorderen". Doch als braver Konservativer wird er die Tradition, aus der er entstammt, sicher nicht verleugnen wollen. Die „runderneuerte" CDU: Das sind die Einsichtslosen aus dem alten Sumpf und deren Nachkommen, die sich niemals wirklich von den Alten distanziert haben. Oder hat die Bevölkerung von ihnen jemals die Sätze gehört: „Der Bankenskandal hat Verheerendes für die Stadt angerichtet. Die CDU entschuldigt sich zumindest nachträglich bei den Berlinern, die heute noch fünf bis sechs Milliarden Euro Schaden zu tragen haben"? Doch die SPD ist nicht weniger Sumpf-Relikt als die CDU. Sie hat Haushaltskrise und Bankenskandal genauso zu verantworten. Mit Personen wie Annette Fugmann-Heesing, Ditmar Staffelt oder Klaus Riebschläger hatte sie nur das Glück, nicht eine große Hassfigur à la Landowsky in ihren Reihen zu haben, dafür eben einige kleine Landowskys. Und dass die SPD heute mit vermeintlich sauberer Weste dasteht, verdankt sie nicht zuletzt einer Linkspartei, die ihr wohlgefällig und verschwiegen allzu oft das Unschuldsmäntelchen umgehängt hat.

*Gemeinsam mit Peter Grottian

Neues Deutschland 16. Dezember 2011

Vergangenheit als Zukunft

Risikoabschirmung, Privatisierung der Wasserbetriebe, Anschluß-
förderung im Wohnungsbau: Große Koalition in Berlin wird von
ihren Hinterlassenschaften eingeholt

Mit der großen Koalition belebte der Regierende Bürgermeister Klaus Wowereit (SPD) ein Bündnis wieder, das in den 1990er Jahren für eine Politik verantwortlich war, die nicht nur die bedenkenlose Privatisierung öffentlichen Eigentums als wegweisend empfand, sondern deren Wirken auch einen enormen Schuldenberg hinterließ und im Berliner Bankenskandal 2001 kulminierte. Was auch immer die neue Regierung in Zukunft vorhat – sie wird früher oder später von den eigenen Hinterlassenschaften eingeholt werden. Hierzu gehören drei Bereiche, die die „rot-rote" Koalition aus SPD und PDS (seit 2007 Die Linke) 2002 von der Vorgängerregierung übernahm, die aber unter der im vergangenen September abgewählten Regierungskonstellation nur unzureichend verarbeitet wurden. Dabei handelt es sich um das Immobilienerbe der 2001 fast zusammengebrochenen Bankgesellschaft, die Teilprivatisierung der Wasserbetriebe von 1999 und das noch aus West-Berlin stammende System eines „sozialen Wohnungsbaus".

Bedingungslose Rettung

Als die zum großen Teil landeseigene Bankgesellschaft 2001 ins Wanken geriet, beschloß die damalige große Koalition als eine ihrer letzten Amtshandlungen die bedingungslose Rettung des Konzerns. Die ab 2002 regierende „rot-rote" Koalition setze diese Politik fort.

119

Zu den Rettungsmaßnahmen gehörte auch die sogenannte Risikoabschirmung für das Immobilienfondsgeschäft der Bank. Diese hatte Fonds mit völlig unüblichen Garantien aufgelegt, was zu enormen Risiken führte. Mit der Sicherung verpflichtete sich das Land, hierfür in einer Höhe von bis zu 21,6 Milliarden Euro geradezustehen. Dazu wurden die Fonds 2006 vom Land übernommen. Heute befinden sie sich in der landeseigenen Berliner Immobilien Holding (BIH). 2007 verkaufte „Rot-Rot" den Bankkonzern mitsamt der Sparkasse für 4,6 Milliarden Euro. Mit dem Erlös wollte man die „Risikoabschirmung" gegenfinanzieren. Für die BIH sollte ein Käufer gefunden werden, der die Fondsrisiken mit übernimmt und den Bankenskandal damit als „Nullsummenspiel" für das Land enden läßt. Doch 2011 zeigte sich, daß die ursprünglich von der Koalition erdachte Strategie endgültig gescheitert war. Nachdem der damalige Finanzsenator Thilo Sarrazin (SPD) mehrmals vollmundig den Verkauf der BIH angekündigt hatte, beendete sein Nachfolger Ulrich Nußbaum (parteilos) das Verkaufsverfahren zwar im Sommer 2010, verhandelte aber mit einem Konsortium um den Londoner Finanzinvestor Altyon weiter. Nachdem der von Nußbaum angestrebte Verkauf einige Fragwürdigkeiten aufgeworfen hatte und Zweifel an der Seriosität des Investors aufgekommen waren, entschied sich der Senat Anfang 2011 dafür, die BIH vorerst zu behalten. Laut Selbstdarstellung befinden sich in der BIH 29 geschlossene Immobilienfonds mit 594 Objekten verteilt im ganzen Bundesgebiet und im Ausland, darunter rund 32000 Wohnungen, 7000 Appartements und 3000 Gewerbe- und Spezialimmobilien. Und solange es noch Fondszeichner gibt, die auf die ursprünglich von der Bank gegebenen Garantien pochen, muß das Land für deren Bedienung aufkommen. Der Erlös für den Bankverkauf ist zum Ende des Jahres 2011 nahezu vollends aufgebraucht, Berlin wird also zukünftig regelmäßig zur Kasse gebeten. Öffentlich weitaus sichtbarer beschäftigte ein anderes Problem die Politik während des gesamten Jahres 2011. Der Bürgerinitiative Berliner Wassertisch, die sich vor einigen Jahren mittels direkter Demokratie auf den Weg gemacht hatte, die Teilprivatisierung der Berliner Wasserbetriebe anzugehen, gelang der erste erfolgreiche Volksentscheid in der Geschichte Berlins. Am 13. Februar des Jahres stimmten über 666000 Berliner für einen Gesetzentwurf zur Offenlegung des bis dahin unter Verschluß gehaltenen Vertragswerks zur Teilprivatisierung. Die Wasserbetriebe waren 1999 von CDU und SPD zu 49,9 Prozent an RWE und Vivendi (heute Veolia) verkauft worden. Seither stiegen die Wasserpreise um rund 35 Prozent. Im Kaufvertrag enthalten ist auch eine nach wie vor geltende Gewinngarantie für die Privaten: Wenn die Wasserbetriebe keine ausreichende Rendite abwerfen, muß das Land entweder auf seine eigenen Gewinne verzichten oder aus seinem Haushalt für die Gewinne der Privaten aufkommen. Bisher war dies noch nicht der Fall, und auch das Land profitierte von den überhöhten Wasserpreisen.

Erfolgreicher Wassertisch

Der Wassertisch bescherte der Berliner Politik nicht nur die vom Volk verordnete Transparenz bezüglich der Verträge, sondern auch eine nun gesetzlich vorgeschriebene parlamentarische Auseinandersetzung mit der Teilprivatisierung. Hierzu setzte die Große Koalition im Dezember zähneknirschend einen Sonderausschuß ein, der das Vertragswerk im kommenden Jahr eingehend prüfen soll. Dabei stemmten sich SPD und CDU allerdings gegen eine weitergehende finanzielle Ausstattung des Ausschusses, wie sie von den Oppositionsparteien beantragt wurde. Die Strategie der großen Koalition scheint klar: Wie 1999 sollen sich die Abgeordneten auf die Berater und Sachverständigen des Senats verlassen und keinesfalls mit unabhängigen Einschätzungen konfrontiert werden. Nachdem es im Verlauf des Jahres zu Protestaktionen und Demonstrationen gegen die Wohnungspolitik des rot-roten Senats gekommen war, entdeckten die Parteien nach jahrelangem Desinteresse das Wahlkampfthema „Mieten" für sich. Gegärt hatte es auf diesem Feld schon länger, vor allem nachdem klar wurde, was der von Linken und SPD 2003 vorgenommene Ausstieg aus der Anschlußförderung für den sozialen Wohnungsbau für Folgen für die Mieter hatte. Kurz gesagt handelte es sich hier um ein Fördersystem, mit dem seit den 60er Jahren Geldgeber animiert werden sollten, im sozialen Wohnungsbau zu investieren. Das Land subventionierte dies mit Milliardensummen. „Anschlußförderung" heißt, daß die Zahlungen nach Ablauf des ersten Förderzeitraums stillschweigend um 15 Jahre verlängert wurden. Dieses System sorgte zwar einerseits für bezahlbare Mieten, andererseits füllte es privaten Bauträgern – der Klientel von CDU und SPD – unnötigerweise die Taschen mit öffentlichen Geldern. Hieraus auszusteigen war prinzipiell vernünftig. Allerdings gab „Rot-Rot" gleichzeitig den Immobilienbesitzern die Möglichkeit, die Mieten drastisch zu erhöhen, was einige von ihnen umgehend taten. Um die Interessen der Mieter scherte man sich bis vor kurzem wenig. Heute wird Problembewußtsein vorgetäuscht. Daß der neue Stadtentwicklungssenator Michael Müller (SPD) in einem Interview für die *Berliner Morgenpost* sagte, um auf den

Wohnungsmarkt Einfluß zu nehmen, könnten die landeseigenen Wohnungsbaugesellschaften ja Bestände der BIH aufkaufen, läßt Schlimmes ahnen. Die BIH-Immobilien sind restlos überschuldet. Sollten die Wohnungsbaugesellschaften diese übernehmen, wäre das Problem BIH vordergründig vielleicht zum Teil gelöst. Gleichzeitig würden damit die Wohnungsbaugesellschaften zum Schönen des Landeshaushalts mißbraucht. Das gab es schon einmal – unter der großen Koalition in den 90er Jahren.

Junge Welt 3. Januar 2012

Große Pläne – nichts dahinter

Trotz Schuldenberg und Flughafenkrise: Der rot-schwarze Senat hält an fragwürdigen Großprojekten fest

In ihrer Koalitionsvereinbarung von 2011 gaben SPD und CDU noch ein klares Bekenntnis ab: „Das Internationale Congress Centrum (ICC) wird saniert und anschließend in seiner heutigen Funktionalität als zentrales Kongresszentrum weiter genutzt." Mittlerweile hat sich gezeigt, dass die Einhaltung dieses Wahlversprechens schwieriger ist als gedacht. Mit einer neuen Strategie sollen nun die Sanierungskosten gedeckelt werden. Welche Kosten der öffentlichen Hand tatsächlich entstehen werden, ist trotz der beachtlichen Menge an bislang geheim gehaltenen Gutachten unklar. Ebenso schleierhaft verhält es sich mit dem Lieblingsprojekt des Regierenden Bürgermeisters Klaus Wowereit (SPD). Auf dem Tempelhofer Feld soll die Zentral- und Landesbibliothek (ZLB) neu errichtet werden. Hier nennt der Senat eine Summe von 270 Millionen Euro. Doch ob diese Summe ausreicht und wie sie ermittelt wurde, ist der Öffentlichkeit unbekannt.

Das Internationale Congress Centrum (ICC) mit seinen 80 Sälen und über 20.000 Plätzen wurde zwischen 1973 und 1979 errichtet. Mit Baukosten von rund 1 Milliarde DM galt es als teuerstes Bauprojekt West-Berlins. Das Land Berlin ist Eigentümer des Gebäudes und verpachtet das ICC an die landeseigene Messe Berlin GmbH. Im Dezember 2010 fasste der damalige rotrote Senat den Beschluss, das ICC zu sanieren. Bislang beschränkten sich die Aktivitäten des Landes hauptsächlich darauf, eine Reihe von Gutachten einzuholen, die mit immer höheren angeblichen Sanierungskosten aufwarten. Medienberichten zufolge entstanden Berlin bislang 1,37 Millionen Euro an Gutachterkosten. Bei den verschiedenen Gutachten soll es sich unter anderem um eine Machbarkeitsstudie zur Sanierungsfähigkeit des ICC, ein Konzept für eine verbesserte Raumnutzung, sowie um Schadstoffgutachten und Szenarien für eine Sanierung im laufenden Betrieb handeln. Was genau in den Gutachten steht und wie die darin errechneten Sanierungskosten von bis zu 330 Millionen Euro zustande kommen, blieb den Berliner/innen bislang verborgen — denn der Senat weigert sich, die gutachterlichen Stellungnahmen und deren Grundlagenmaterialien öffentlich zugänglich zu machen. Eine öffentlich geführte Diskussion über Sinn oder Unsinn der ICC-Sanierung ist so nicht möglich.

ICC an private Investoren?

Im Landeshaushalt für 2012/2013 ist eine Gesamtsumme von 182 Millionen Euro für die Sanierung genannt. Im Jahr 2012 sollen davon 1 Million Euro und 4 Millionen Euro in 2013 ausgegeben werden. 2010 flossen bereits 6 Millionen Euro. Ab 2014 sollen dann über 170 Millionen Euro in die Sanierung gesteckt werden. Da der Haushaltsplan für 2014 noch nicht vorliegt, sind die genannten 170 Millionen Euro als eine Art Absichtserklärung zu verstehen, da sie im aktuellen Haushalt nicht wirksam sind. Schon während der Beratungen des Haushalts 2012/2013 im vergangenen Frühsommer war klar, dass die Summe willkürlich gewählt wurde. Darauf deutet auch die angeblich neue Strategie der Koalition für die ICC-Sanierung hin: Ende September kündigten die Fraktionen von SPD und CDU einen „Herbst der Entscheidungen" an, bei dem die Sanierung des ICC und der Rückkauf der Berliner Wasserbetriebe herausragende Stellungen einnehmen sollen. Dabei wurde deutlich, dass Rot-Schwarz außer einer Reihe von Gutachten und Kostenschätzungen bisher nichts Substanzielles zum ICC abzuliefern hat. Die „Entscheidung" besteht bislang nur aus der Erklärung, dass man zwar grundsätzlich bereit sei, neuerdings 200 Millionen Euro für die Sanierung auszugeben, das aber nur, wenn ein „schlüssiges Nutzungskonzept" vorhanden sei. So ein Konzept könne auch von privaten Investoren vorgelegt werden und müsse das ICC nicht unbedingt als Kongresszentrum erhalten. Dies sei eine Abkehr von bisherigen „Denkverboten", ließen sich die Fraktionschefs Raed Saleh (SPD) und Florian Graf (CDU) an mehreren Stellen zitieren.

Eingeständnis von Planlosigkeit

Was die Koalition als neue Strategie zu verkaufen versucht, ist im Kern nichts weiter als das Eingeständnis der eigenen Planlosigkeit. Wenn das Problem ICC auf einmal mit 200 Millionen Euro doch zu lösen sein soll, wozu brauchte es dann die zahlreichen Gutachten und die immer neuen Kostenaufstellungen, die zum Teil weit über 200 Millionen Euro liegen? Wenn auf einmal ein „Nutzungskonzept" gefordert wird, warum hat das Land Berlin als Eigentümer des Gebäudes sich in den letzten Jahren nicht um ein solches Konzept gekümmert? Und wenn nun auf einmal die Erkenntnis gereift sein soll, dass ein Privater mit Zugabe von 200 Millionen Euro das ICC sanieren und profitabel betreiben könne, warum standen in den letzten Jahren die Privaten nicht Schlange, wenn es denn so einfach ist? Die Vorstellungen, die aus der Wirtschaft bisher eingingen, entbehren jedenfalls nicht einer gewissen Albernheit. So ließ zum Beispiel der Hauptgeschäftsführer der IHK Jan Eder im März dieses Jahres die *BZ* wissen, dass im ICC auch „eine Art Klein Las Vegas" – also eine überdimensionierte Spielhalle – betrieben werden könne. Das ewige Hin und Her des Senats beim ICC stößt bei verschiedenen Akteuren auf Kritik. Der Verband Berlin-Brandenburgischer Wohnungsunternehmen (BBU) kritisierte die neuen Pläne scharf: „Allein mit den für die Sanierung des ICC eingeplanten 200 Millionen Euro könnte der Bau von rund 3.000 mietengünstigen Wohnungen gefördert werden", heißt es in einer Pressemitteilung vom 26. September 2012. Und weiter: „Würde das Geld im Rahmen einer Förderung für eine Mischfinanzierung eingesetzt, wären dadurch für diesen Neubau Nettokaltmieten von rund 6,50 Euro pro Monat und Quadratmeter möglich." Ursula Schüler-Witte, die Architektin des ICC, bemängelt seit Monaten, dass es sich bei den öffentlich genannten und ständig steigenden Kosten um aus ihrer Sicht politisch motivierte Berechnungen handelt, um sich das ICC endgültig vom Hals zu schaffen. Zudem sei im ICC bei Weitem nicht so viel Asbest verbaut, wie Senat und Koalition behaupten. Dem Senat hingegen liegt angeblich ein Gutachten vor, in dem von 1.000 Asbest-Schadstoffstellen die Rede sein soll. Ein Abriss des Gebäudekomplexes scheint wiederum keine wirkliche Alternative zu sein. Wegen der angrenzenden Autobahn wäre das ein kompliziertes und keinesfalls kostengünstiges Verfahren. Das ICC soll also auf jeden Fall saniert werden – wobei eben unklar ist, wer es wie machen soll und was es kostet.

Ähnlich planlos agiert der Senat mit dem angestrebten Neubau der Zentral- und Landesbibliothek (ZLB). Die bisherigen Standorte der ZLB liegen weit auseinander und weisen nach Angaben des Senats einen hohen Sanierungsbedarf auf. Deshalb sei ein Neubau nötig und eine „Prüfung verschiedener Standortvarianten" habe ergeben, dass „die Errichtung des Neubaus auf dem Gelände des ehemaligen Flughafens Tempelhof am ehesten dem nutzerspezifischen Raum- und Bedarfsprogramm entspricht". Schließlich würde die jetzige Situation „den Anforderungen an eine moderne Metropolenbibliothek seit Längerem nicht mehr gerecht". Was genau solch eine „moderne Metropolenbibliothek" sein soll, haben SPD und CDU bislang nicht dargestellt. Ihnen geht es in ihrer typisch provinziellen Manier hauptsächlich um das Durchboxen eines Prestigebaus, der jetzt schon als „Wowereit-Gedächtnis-Bibliothek" verspottet wird. Die Gesamtkosten für den Neubau sollen 270 Millionen Euro betragen. Aber wie bei der ICC-Sanierung handelt es sich bei dieser Summe um eine reine Absichtserklärung, da 267 Millionen Euro erst ab 2014 fällig werden sollen und nicht aus dem aktuellen Haushalt finanziert werden. Wie sich die angeblichen Gesamtkosten zusammensetzen, vermag der Senat bislang nicht zu sagen. Angeblich, so lassen es SPD und CDU in ihrem Koalitionsvertrag verlautbaren, sei der Neubau finanziell günstiger, „als die Ertüchtigung der Amerika-Gedenkbibliothek und des Standorts Breite Straße". Was aber mit diesen Bestandsgebäuden passieren soll, für die der Senat einen hohen Sanierungsbedarf sieht, ist bislang nicht geklärt. Ebenso hat der Senat noch kein Konzept zur Nachnutzung des

unter Denkmalschutz stehenden Tempelhofer Flugha-
fengebäudes vorgelegt – behauptet aber, dass das Gebäude als Bibliotheksstandort nichts tauge. Ein Neubau
scheint für den Senat also alternativlos, auch wenn im
Parlament immer wieder Stimmen laut werden, die be-
streiten, dass eine vernünftige Prüfung von Alternativen
tatsächlich stattgefunden hat.

Dass der Senat so vehement auf dem Neubau der
ZLB beharrt, mag auch seine Gründe in der beabsichtig-
ten Aufwertung des Tempelhofer Felds und seiner Umgebung haben. So zumindest lassen sich die Äußerungen
Wowereits in der Sitzung des Kulturausschusses am 3.
September 2012 verstehen, in der er angab, „dass sich
um die Bibliothek herum unter dem Themenschwer-
punkt Wissen Gewerbe und Industrie ansiedeln kann
und das ein Impuls zur weiteren Entwicklung ist".

MieterEcho 357 / Dezember 2012

Mayday Berlin

Skandale wie am Fließband: Der Bau des Flughafens Berlin Brandenburg ist eine Mischung aus halbseidenen Geschäften, städtischem Filz und Millionen verschleuderten Euro

„Nach der schweren Krise der Bankgesellschaft Berlin, der Finanzkrise des Landes und der Spendenaffäre geht es jetzt darum, das Vertrauen in die Politik wieder herzustellen. Ich meine zuerst das Vertrauen der Berlinerinnen und Berliner. Aber ich meine auch das Vertrauen in unsere Stadt. (…) Wir brauchen einen Mentalitätswechsel der Politik in Berlin." Diese hehren Worte stammen aus der Regierungserklärung des damals frisch ins Amt gespülten Regierenden Bürgermeisters Klaus Wowereit (SPD), die er am 28. Juni 2001 im Berliner Abgeordnetenhaus vortrug. Zu dieser Zeit wurde Berlin vom sogenannten Bankenskandal erschüttert, der als eine besondere Mischung aus Berliner Filz, Korruption und Wirtschaftskriminalität sogar für das skandalerfahrene Berlin eine Zäsur darstellte.[1] Interessanterweise argumentiert Wowereit in seinen heutigen Stellungnahmen zum Flughafendebakel ähnlich wie Politiker und Bankmanager im Jahr 2000, als sich der Zusammenbruch der Bank intern schon abzeichnete, nach außen aber weiter vom großen Erfolg geredet wurde.

„Erfolgsgeschichte" – es gab in den letzten Monaten fast keine Äußerung von Wowereit zum Thema Flughafen BER, in der er diese Vokabel nicht unterbrachte. Und auch in einer anderen Weise gleicht Wowereit der von ihm angeblich abgelösten Berliner Politikerkaste. Ähnlich wie seinerzeit die Herren Diepgen und

Landowsky – der eine Regierender Bürgermeister, der
andere CDU-Fraktionsvorsitzender – versteht Wowereit
in provinzieller Selbstgefälligkeit Kritik an ihm, seiner
Politik oder seinen Lieblingsprojekten als Angriff auf
Berlin: „Ich werde mich nicht davon ablenken lassen,
die Erfolgsgeschichte Berlins fortzuschreiben und das
Projekt zum Erfolg zu führen. (…) Lassen wir uns unser
Berlin nicht schlechtreden, sondern bündeln die Kräfte,
um das Projekt Flughafen Berlin-Brandenburg Willy
Brandt zu einem guten Abschluß zu bringen!"[2] So proklamierte er in einer der mittlerweile zahlreichen Plenar-
debatten zum aktuellen Debakel um die Inbetriebnahme
besagten Flughafens, die sich angeblich völlig unvorher-
sehbar wieder einmal um ein Jahr verschoben hat. Doch
besieht man sich die mittlerweile fast 20jährige Geschichte dieses Flughafenneubaus, so besteht sie in der
Hauptsache aus einer Aneinanderreihung von Bauskan-
dalen. Daß es jetzt, kurz vor der Fertigstellung, erneut
zu einem Skandal kam, ist vor diesem Hintergrund und
auch vor dem anderer Berliner Großprojekte nicht wirklich verwunderlich.

Vor dem ersten Spatenstich

Im Zuge der deutschen Wiedervereinigung wurden
auch erste Überlegungen zu einer Neugestaltung des
Berliner Flughafensystems angestellt. Beeinflußt vom
Berliner Metropolenrausch der 90er Jahre und vor dem
Hintergrund des tatsächlich vergrößerten Ballungsrau-
mes um Berlin herum geriet man zu der Auffassung,
daß die vorhandenen Flughäfen in Berlin-Tegel und
Berlin-Tempelhof nicht ausreichend wären und der
Flughafen Berlin-Schönefeld ohnehin in absehbarer Zeit
zu sanieren sei. Ein moderner „Singlestandort" sollte es

nun werden, der zudem eine Drehkreuzfunktion übernehmen kann, also als Umsteigeplatz für Kurz-, Mittel-
und Langstreckenflüge dienen soll. Für diesen neuen
Großflughafen waren mehrere Standorte im Gespräch:
Im vergleichenden Raumordnungsverfahren ab 1993
galten die Standorte Sperenberg, Jüterbog und Schönefeld als Favoriten – auch wenn Schönefeld weit abge-
schlagen hinter Sperenberg rangierte. Daß der Flughafen
Berlin Brandenburg nun nach mehrjährigem politischen
Gezerre zwischen Bund und Ländern am Standort
Schönefeld errichtet wird, geht auf den „Konsensbe-
schluß" des Bundes und der Länder Berlin und Brandenburg zurück, denn die Flughafengesellschaft befindet
sich zu jeweils 37 Prozent im Eigentum der Länder
Berlin und Brandenburg, der Bund ist mit 26 Prozent an
ihr beteiligt. Der Beschluß ist eine Anlage zu einem
Beschluß der Gesellschafterversammlung der Flughafengesellschaft, trägt das Datum vom 28. Mai 1996 und
ist von den damaligen Ministerpräsidenten Manfred
Stolpe und Eberhard Diepgen sowie dem damaligen
Bundesverkehrsminister Matthias Wissmann unterzeichnet. In dem Papier ist die Absicht festgehalten, den
Flugverkehr auf einen Standort zu konzentrieren, wobei
es auch heißt: „Der Gesellschafter Brandenburg hält
hierfür den Standort Sperenberg für besonders geeignet." Dennoch habe man sich nach „umfangreichen
Abstimmungsgesprächen" auf Schönefeld verständigt.
Errichtet werden solle der neue Flughafen unter Beteiligung privater Investoren. Tempelhof werde nach der
rechtskräftig gewordenen Planfeststellung geschlossen,
Tegel „spätestens mit Inbetriebnahme" der neuen Start-
und Landebahnen. Als weiteres Ziel ist die Privatisierung der Flughafengesellschaft festgehalten. Doch
schon vor der offiziell feststehenden Entscheidung für

den Standort Schönefeld kam es Anfang der 90er Jahre zu einem Skandal um das „Baufeld Ost". Die Flughafengesellschaft hatte auf Vorrat Grundstücke rund um den alten Flughafen Schönefeld aufgekauft, die letztendlich gar nicht gebraucht wurden. Der unsinnige Ankauf kostete rund 200 Millionen Euro, wobei die gezahlten Grundstückspreise deutlich überhöht waren. Denn merkwürdigerweise hatten diverse Spekulanten Wind von der Kaufabsicht bekommen und ihrerseits Ackerflächen angekauft, die sie der Flughafengesellschaft nun zu einem höheren Entgelt überließen. Daß Spuren dieser halbseidenen Geschäfte auch in die Berliner Bauszene führten, war keine Überraschung.

Der nächste Skandal ereignete sich ebenfalls noch vor dem ersten Spatenstich kurz vor der Jahrtausendwende. Ursprünglich war es ja das politisch ausgegebene Ziel, den Großflughafen durch private Investoren errichten zu lassen und die Flughafengesellschaft parallel dazu ebenfalls zu privatisieren. Dazu kam es bis heute nicht – auch weil die Flughafengesellschaft schon damals mehrere hundert Millionen Euro Schulden mit sich herumtrug, die auch aus dem erwähnten „Baufeld-Ost-Skandal" resultierten. Mitte der 90er Jahre hatte die Flughafengesellschaft in Vorbereitung der Errichtung des Großflughafens eine Beratungsfirma namens Wirtschafts- und Ingenieursberatungsgesellschaft (WIB) engagiert, an die auch diverse Folgeaufträge ergingen. Die WIB bzw. ihr Eigentümer Herbert Märtin nahm dabei auf Vorschlag Diepgens auch eine „Moderatorenrolle" ein, die die politische Entscheidung für den Standort Schönefeld massiv beeinflußte. Allerdings wirkte Märtin nicht nur auf seiten der Flughafengesellschaft, sondern unterhielt auch Kontakte zur Flughafen

Frankfurt am Main AG (heute Fraport), die zu dem vom Hochtief-Konzern geführten Konsortium gehörte, das sich um die Errichtung des Flughafens bewarb. Diese Kontakte waren in einem „Beratervertrag" verbrieft. Die WIB ihrerseits beauftragte 1995 die Briefkastenfirma LANAG mit der Umweltverträglichkeitsprüfung für den damals noch zur Debatte stehenden Standort Sperenberg. Die LANAG reichte den Auftrag an die LEGUAN GmbH weiter, deren Geschäfte von einem Herrn Rolf Peschel geführt wurden und bei dem es sich zufälligerweise um den Sohn der damaligen Berliner Justizsenatorin Lore Peschel-Gutzeit (SPD) handelt, die wiederum im Aufsichtsrat der Flughafengesellschaft saß. An Märtin selbst flossen – ebenfalls über eine Briefkastenfirma – regelmäßige Zahlungen des Hochtief-Konsortiums. Man kann demnach guten Gewissens festhalten, daß der heutige BER in Schönefeld seinen Ursprung auch im altbekannten Berliner Sumpf hat. Eine Fußnote der Geschichte ist bislang noch das Wirken von Märtins WIB beim Teilverkauf der Berliner Wasserbetriebe 1999, wobei die WIB Vertragsbeziehungen zur daran beteiligten RWE Aqua unterhielt (siehe jW-Thema vom 27.10.2012).

Bauordnung nicht eingehalten?

Nachdem der erste Anlauf zum privaten Bau auf Grund dieser Begebenheiten gestoppt wurde, sollte der Großflughafen ab 2002 durch ein Konsortium aus den ehemaligen um die Privatisierung konkurrierenden Firmen Hochtief und IVG errichtet werden. Nach monatelangen Auseinandersetzungen mit den Investoren um Finanzierungsfragen und die Risikoverteilung entschieden sich die Teilhaber der Flughafengesellschaft schließlich, die Verhandlungen abzubrechen. Die Investoren ließen sich ihre Aufwendungen allerdings mit 40 Millionen Euro von der öffentlichen Hand entschädigen. Nach diesen mißlungenen Startversuchen beschlossen Bund, Berlin und Brandenburg die Errichtung des Großflughafens nun durch die Flughafengesellschaft selbst vornehmen zu lassen. Dabei sollte auf einen Generalunternehmer verzichtet und die Gewerke einzeln ausgeschrieben werden. Im Herbst 2006 erfolgte der erste Spatenstich, der Bau des Terminals wurde im Sommer 2008 begonnen. Eröffnet werden sollte der BER ursprünglich im Oktober 2011. Doch schon über ein Jahr vorher, im Juni 2010, entschied sich der Aufsichtsrat der Flughafengesellschaft für eine Verschiebung des Termins auf den 3. Juni 2012. Als offizieller Grund für die Verschiebung wurde angegeben, daß damit auf eine im April 2010 in Kraft getretene EU-Verordnung zum Transport von Flüssigkeiten im Handgepäck reagiert werde, denn künftig sei „der Einsatz größerer und schwererer Prüfgeräte zur Flüssigkeitsdetektion notwendig", was eben zu einem erhöhten Platzbedarf und damit einer Umplanung des Terminals führe. Zudem sei es durch die Insolvenz eines Ingenieurbüros zu Planungsverzügen gekommen. Was in den folgenden Monaten auf der Baustelle geschah — oder auch nicht geschah –, ist nun Stoff des aktuellen Skandals. Am 8. Mai dieses Jahres traten Klaus Wowereit und Matthias Platzeck vor die Presse und verkündeten demonstrativ zerknirscht, daß es auch 2012 nichts mit dem Start des BER werden würde. Eine erste Begründung für die Verschiebung fanden beide schnell in der hochkomplexen Brandschutzanlage, die nach wie vor nicht in einem genehmigungsfähigen Zustand ist. Doch mittlerweile geistern täglich neue Meldungen zu den Zuständen auf der BER-Baustelle durch die Medien. Und auch wenn sich der eine oder andere Umstand letztlich nicht als ganz so tragisch herausstellen sollte – allein die Anzahl der mittlerweile benannten Schwachstellen macht deutlich, daß die verschobene Inbetriebnahme nicht allein auf Probleme bei der Brandschutzanlage geschoben werden kann. Unklar ist nach wie vor, wann genau die Verantwortlichen Kenntnis darüber erlangten, daß der Termin am 3. Juni nicht zu halten ist. Verschiedene Medien berichteten über unterschiedliche Gutachten und Gespräche, in denen zumindest deutliche Hinweise auf eine durch Baupfusch erwirkte Gefährdung der Inbetriebnahme enthalten gewesen sein sollen. Die Verantwortlichen in Gestalt des Aufsichtsrats reagierten für einige Beobachter überstürzt, indem sie noch im Mai die Flughafenplaner um die Planungsgemeinschaft pg bbi feuerten. Nun wird dieser Streit vor Gericht ausgefochten: Die Flughafengesellschaft will Schadensersatz von der pg bbi, weil diese angeblich ihren Verpflichtungen nicht nachgekommen sei. Diese wiederum weist die Vorwürfe zurück und beruft sich auf zahlreiche Änderungswünsche der Flughafengesellschaft, die Planungsänderungen und Bauverzögerungen nach sich gezogen hätten. Gefeuert wurde ebenfalls der technische Leiter und „Chefplaner“ Manfred Körtgen. Dieser fiel allerdings nicht ganz so hart – nach Medienberichten soll er eine Abfindung von 180000 Euro kassiert haben. Ersetzt wurde er durch den ehemaligen Fraport-Planer Horst Amann, der nun seit Juli versucht, das Großprojekt zu retten. Zu diesem Zweck ließ er sich unter anderem ein Gutachten der auf Brandschutzanlagen spezialisierten Firma hhp berlin vorlegen. In diesem Gutachten sollen Hinweise enthalten sein, daß einige Teile der Brandschutzanlage nicht in

Einklang mit der Bauordnung errichtet worden seien. Dies hätte zur Folge, daß z.B. Teile der Sprinkleranlage neu verlegt werden und Teile der Entrauchungsanlage neu konstruiert werden müßten. Dies wiederum würde dazu führen, daß Teile des bereits fertiggestellten Terminals eingerissen und neu errichtet werden müßten. Die über den Sommer nahezu eingestellten Bauarbeiten am Terminal sollten im Herbst wieder aufgenommen werden. Nach Aussagen von Amann wären nach einer eingehenden Prüfung etliche Verkabelungen neu zu verlegen. So gibt es Berichte, wonach zum Beispiel Starkstromleitungen und Kommunikationsleitungen gemeinsam verlegt worden und viele Kabeltrassen für das Gewicht der zahlreichen Leitungen gar nicht ausgerichtet seien. Was genau wo verlegt worden ist, scheint ohnehin nicht besonders gut dokumentiert worden zu sein, ansonsten hätte die Überprüfung nicht monatelang gedauert.

Flughafengeschäftsführer Schwarz

Solche chaotischen Zustände dürften eigentlich gar nicht eintreten – wenn die Kontrollmechanismen der Flughafengesellschaft und ihrer Anteilseigner ordentlich funktionieren würden. Doch der Eindruck festigt sich, daß sich das Chaos auf der BER-Baustelle bei der Kontrolle fortsetzte. Ob dieser Eindruck richtig ist, werden die kommenden Monate zeigen. Die Hauptverantwortung trägt in jedem Fall das oberste Kontrollgremium in Gestalt des Aufsichtsrats der Flughafengesellschaft, dessen Vorsitzender der Regierende Bürgermeister von Berlin ist. Mit diesem prestigeträchtigen Posten wollte Wowereit wohl seine eigene Metropolenfähigkeit unter Beweis stellen – nun steht er in vorderster Reihe unter

Beschuß. Was einige seiner Kritiker vor allem aus der Bundespolitik aber aus nachvollziehbaren Gründen gerne vergessen: Neben Wowereit saß bis Dezember 2011 auch der damalige Berliner Wirtschaftssenator Harald Wolf (Die Linke) im Aufsichtsrat, und seit Dezember 2011 hat dort Innensenator Frank Henkel (CDU) Platz genommen. Für das Land Brandenburg nimmt Ministerpräsident Platzeck (SPD) die Kontrollfunktion wahr und für den Bund der Staatssekretär im Bundesministerium für Verkehr, Bau und Stadtentwicklung, Rainer Bomba. Daß in solch einer Konstellation Interessengegensätze von zwei Bundesländern und dem Bund zu Tage treten können, die zudem noch von parteipolitischen Überlegungen geprägt sein können, liegt auf der Hand. Und so verwundert es zum Beispiel nicht, daß die „schwarz-gelbe" Bundesregierung mehr oder weniger offen gegen den Flughafengeschäftsführer Rainer Schwarz schießt – die FDP machte zunächst gar ihre Zustimmung für die weitere finanzielle Ausstattung der Flughafengesellschaft von der Entlassung Schwarz' abhängig –, um dann freies Schußfeld auf Wowereit als Aufsichtsratsvorsitzenden zu erlangen. Zumindest gibt sich die vom Bund eingesetzte „Soko BER" alle Mühe, in dieser Hinsicht zu wirken, und bezichtigte Schwarz, er habe dem Aufsichtsrat Kenntnisse über eine mögliche Gefährdung der Inbetriebnahme vorenthalten. Im Vorfeld der Aufsichtsratssitzung am 2. November 2012 schien es fast soweit. Es wurde gemunkelt, Schwarz solle abgelöst werden. Beschlossen wurde schließlich die Beauftragung von externen Juristen und Wirtschaftsprüfern. Diese sollen nachforschen, ob Schwarz den Aufsichtsrat tatsächlich nicht richtig informiert hat. Zudem soll geprüft werden, ob Schwarz für sein Handeln haftbar und Schadensersatzanspruch

138

gegen ihn geltend gemacht werden können. Im ersten Quartal 2013 sollen dem Aufsichtsrat die Ergebnisse dieser Prüfung vorgelegt werden. Daß Schwarz tatsächlich irgendwann einmal haften muß, ist allerdings nicht sicher. Zum einen werden laut Medienberichten die Prüfer von ihm selbst ausgewählt. Zum anderen ist Schwarz mit einer entsprechenden Haftpflichtversicherung ausgestattet, die die Flughafengesellschaft für ihre Vorstände und Aufsichtsräte abgeschlossen hat und deren Versicherungssumme immerhin 30 Millionen Euro pro Jahr und pro Person abdeckt.

Der Untersuchungsausschuß

Mittlerweile wurde der Umgang mit dem BER-Desaster auch auf die politische Ebene ausgeweitet. So setzten die Fraktionen von Grünen, Piraten und Linke im Abgeordnetenhaus die Einrichtung eines Untersuchungsausschusses durch. Der Aufklärungswille der Großen Koalition hält sich nachvollziehbarerweise in engen Grenzen. Während die Opposition schon Anfang Juli begann, einen umfangreichen Fragenkatalog als Grundlage für einen Einsetzungsbeschluß eines Untersuchungsausschusses zu erarbeiten, verabschiedeten sich SPD und CDU in die parlamentarische Sommerpause. Als Anfang August, immer noch in der parlamentsfreien Zeit, ein Treffen von Vertretern aller Fraktionen stattfand, nahmen die Entsandten von SPD und CDU ohne jegliche Vorbereitung daran teil und beklagten, daß sie zum mittlerweile vorgelegten Fragenkatalog nicht weiter Stellung nehmen könnten – schließlich müsse man sich noch in den Fraktionen beraten, in der Sommerpause sei dies aber leider nicht möglich. So konnte der von den Oppositionsfraktionen vorgelegte Antrag auf Einsetzung eines Untersuchungsausschusses samt Fragenkatalog erst in der Plenarsitzung am 27. September zur Abstimmung gestellt werden. Übrigens waren weder SPD noch CDU in der Lage, eine einzige Frage zum Fragenkatalog beizutragen. Der Untersuchungsausschuß konstituierte sich am 19. Oktober. Er besteht aus neun Mitgliedern: Die SPD stellt drei Mitglieder, CDU und Grüne jeweils zwei sowie Linke und Piraten jeweils ein Mitglied. Rechnerisch fiel der Ausschußvorsitz den Piraten zu, das Parlament wählte demnach in seiner Sitzung am 27. September Martin Delius zum Vorsitzenden. Die konstituierende Sitzung war – wie von SPD und CDU nicht anders zu erwarten – von einer langatmigen Debatte um die sogenannten Verhaltensregeln geprägt, die sich jeder Ausschuß des Abgeordnetenhauses auf Grundlage der Geschäftsordnung selbst gibt. Die Koalition setzte schließlich mit ihrer Stimmenmehrheit durch, daß stellvertretende Mitglieder kein reguläres Rederecht haben sollen. Dies trifft die Fraktionen von Linke und Piraten besonders stark. Die Flughafengesellschaft gibt sich in puncto Aufklärung ebenfalls nicht sehr kooperativ. So war sie zum Beispiel nicht in der Lage, dem Untersuchungsausschuß die per Beweisantrag angeforderten Akten zeitnah zu liefern. Angeblich kämen seine Leute mit der Lieferung nicht hinterher, ließ Flughafenchef Schwarz in der RBB-Abendschau verlauten. Bei den in den ersten Beweisanträgen angeforderten Akten handelt es sich allerdings auch um Standardunterlagen, die normalerweise jedes ordentlich geführte Unternehmen nach einem Griff ins Regal vorlegen kann wie etwa Organigramme, Satzungen oder Geschäftsberichte.

Unabhängig von Aufklärung und Haftungsfragen muß es am BER irgendwie weitergehen. Mittlerweile wird der 27. Oktober 2013 als Eröffnungstermin genannt. Es gilt aber als sicher, daß der Flughafen bald nach seiner Inbetriebnahme an Kapazitätsgrenzen stoßen wird und das Terminal erweitert werden muß. Die bisherige Verlängerung der Bauphase kostete die öffentliche Hand bislang 1,2 Milliarden Euro zusätzlich – davon entfallen jeweils 440 Millionen Euro auf Berlin und Brandenburg. Ohne diese Finanzspritze wäre die Flughafengesellschaft insolvent. Dies wäre aber auch keine gute Lösung, denn die Eigentümer haben 2,4 Milliarden Euro an aufgenommenen Krediten zu 100 Prozent verbürgt. Und diese Bürgschaften würden im Fall einer Pleite fällig. Was der Flughafenbau insgesamt gekostet hat, kann erst nach seiner Fertigstellung gesagt werden. Eine Frage, die sich auch erst in den nächsten Jahren oder Jahrzehnten beantworten läßt, ist die, ob der BER überhaupt so rentabel betrieben werden kann, daß er nicht zu einem dauerhaften Verlust- und Zuschußgeschäft für seine Eigentümer wird. Der Großflughafen kann also nach seiner Fertigstellung immer noch zu einem finanziellen Debakel für die öffentliche Hand werden. Als typisches Berliner Großprojekt – zu ambitioniert, zu teuer, zu dilettantisch – taugt er aber immerhin als würdiges Denkmal für die Regierungsepoche von Klaus Wowereit.

Anmerkungen:

[1] Siehe Benedict Ugarte Chacón, Berlin Bank Skandal. Eine Studie zu den Vorgängen um die Bankgesellschaft Berlin, Münster 2012

[2] Abgeordnetenhaus von Berlin, 17. Wahlperiode, Plenarprotokoll 17/17, S. 1558

Junge Welt 28. November 2012

Zum In-die-Luft-Gehen

Das neue Jahr beginnt für den Flughafen BER, wie das alte endet: Mit Stillstand, Kostensteigerungen und Selbstgefälligkeit der Verantwortlichen

Nachdem im Mai 2012 die Inbetriebnahme des Flughafens Berlin-Brandenburg (BER) auf Grund massiver Probleme bei der Brandschutzanlage kurzfristig abgesagt worden war, wurde als neuer Eröffnungstermin der 27. Oktober 2013 angekündigt. Doch auch dieser Termin konnte nicht eingehalten werden. Mittlerweile trauen sich weder die Flughafengesellschaft noch ihre Anteilseigner – die Länder Berlin und Brandenburg sowie der Bund –, ein verbindliches Datum zu nennen. Als Folge des Debakels mußte die alte Geschäftsführung ihren Hut nehmen. Der seit März 2013 agierende neue Flughafenchef Hartmut Mehdorn versucht nun, den „Macher" zu geben, und verkündet im Wochenrhythmus das Erreichen neuer Meilensteine. Dennoch scheint auf der Baustelle nichts wirklich voranzugehen. Und während die Eröffnung noch in den Sternen steht, steigen die Kosten für das Projekt unaufhörlich.

Dabei hatte man sich das Anfang 2013 wohl etwas anders vorgestellt: Mit einem von Mehdorn ins Leben gerufenen Programm namens „Sprint" sollen alle für die Inbetriebnahme notwendigen Aufgaben (Bauarbeiten, Genehmigungsverfahren, Probebetrieb) an einer Stelle gebündelt werden. In einem „Project Management Office", das direkt auf der Baustelle eingerichtet wurde, sollen die Führungskräfte der „Flughafen Berlin Brandenburg GmbH" (FBB) gemeinsam mit externen Sachverständigen und Beratern die Krise in den Griff bekommen. Zumindest bis November des vergangenen Jahres kam Mehdorn mit seinem „Sprint“-Programm jedoch nicht so recht voran. So gelangten interne Berichte an die Öffentlichkeit, wonach sich die noch notwendigen Baumaßnahmen am Terminal auch im Lauf des Jahres 2013 weiter verzögert hatten. Ebenso sei das Baustellencontrolling nach wie vor mangelhaft aufgestellt. Dies wird auch ein Grund dafür sein, warum die Verkabelungen so fehlerhaft verbaut werden konnten, daß sie nun neu verlegt werden müssen. Allein diese Maßnahme inklusive des Aufreißens schon fertiger Wände und Decken soll rund 3,6 Millionen Euro kosten. Eines der großen Probleme ist nach wie vor die neu zu konzipierende Entrauchungsanlage. Statt, wie bislang vorgesehen, als große Einheit zu funktionieren, soll sie in drei Teile gegliedert werden und eine neue übergeordnete Steuerung erhalten. Für den Umbau der Steuerungsanlage ist seit Oktober 2013 allein Siemens zuständig. Zuvor sollte die gesamte Brandschutzanlage von Siemens und Bosch gemeinsam installiert werden. Bevor Siemens allerdings beginnen kann, müssen die Umbaumaßnahmen an den Kabeltrassen vorgenommen werden. Wie lange das dauern wird, ist immer noch offen. Siemens selbst braucht danach 18 Monate Zeit. Mehdorns „Sprint“-Programm brachte den BER bislang zwar nicht vorwärts, dennoch erwies es sich immerhin als lukrative Einnahmequelle für Beratungsfirmen wie PricewaterhouseCoopers und „Roland Berger Strategy Consultants GmbH“. Anfang Dezember wurde allerdings bekannt, daß einige Berater das Programm wieder verlassen müssen. Über die Hintergründe sagt die Flughafengesellschaft öffentlich nichts. Die Berater sollen, so die *Märkische Allgemeine* vom 7. Dezember 2013, jedoch ihre Aufträge ohne die notwendige europaweite Ausschreibung erhalten haben.

Wie es in den letzten Jahren zu dem Chaos beim Flughafenbau kommen konnte, versucht seit Herbst 2012 ein Untersuchungsausschuß des Abgeordnetenhauses von Berlin herauszufinden. Hierzu sind Tausende von Aktenstücken auszuwerten und Dutzende von Zeugen zu vernehmen. Bis der Ausschuß seinen Bericht vorlegt, werden wohl noch ein oder zwei Jahre vergehen. Eine der Ursachen für das Scheitern des Bauvorhabens deutet sich jetzt schon an: Das Projekt Großflughafen scheint in den letzten Jahren innerhalb der FBB ein Eigenleben entwickelt zu haben, welches über längere Zeit von den Verantwortlichen weder durchschaut, geschweige denn angemessen kontrolliert wurde. So zumindest sind die bisherigen Aussagen verschiedener Aufsichtsräte vor dem Ausschuß zu interpretieren. Zum Beispiel die des Staatssekretärs im Bundesbauministerium, Rainer Bomba (CDU), der den Bund seit 2010 im Aufsichtsrat der Flughafengesellschaft vertritt: Er sagte, daß seiner Auffassung nach das Projektcontrolling ziemlich mangelhaft gewesen sei. Der Aufsichtsrat hätte zwar viele Berichtsseiten zu lesen bekommen, jedoch nur schwer einen Einblick in die tatsächliche Situation gewinnen können. Auch die Aussagen anderer Aufsichtsräte wie Klaus Wowereit (SPD) oder Harald Wolf (Die Linke) gingen in eine ähnliche Richtung: Man sei wohl von der Geschäftsführung nicht richtig informiert worden; in den Controllingberichten wären keine tiefer gehenden Probleme geschildert geworden; man habe ja zudem kritisch nachgefragt, aber wenn man eben nicht ausreichend informiert werde, könne man als Aufsichtsrat nicht viel machen. Bis zum Schluß habe man an die Inbetriebnahme im Sommer 2012 geglaubt bis im Mai – für alle überraschend – festgestellt worden sei, daß die Probleme auf der Baustelle weitaus größer waren als vermutet. Wie das Führungspersonal der Flughafengesellschaft FBB mit der sich anbahnenden Krise umging, zeigte am 6. Dezember die Aussage des ehemaligen Gesamtprojektleiters Joachim Korkhaus vor dem Untersuchungsausschuß. Dort übte er zwar immer wieder Kritik an Planern und der seit 2004 von der Firma „WSP CBP" durchgeführten Projektsteuerung. So widersprach er zum Beispiel der Aussage des „WSP CBP"-Verantwortlichen Christian Manninger, der in einer Bauausschußsitzung des Parlaments im Januar 2013 gesagt hatte, bei den Defiziten handle es sich in erster Linie um solche in der Planung. Laut Korkhaus wäre es Aufgabe der Projektsteuerung gewesen, hier zu handeln. Zu seiner eigenen Rolle machte Korkhaus jedoch keine tiefgehenderen Angaben. Auch nicht dazu, ob und wie er sich als einer der Hauptverantwortlichen in diese Gegensteuerung einbrachte. Die Leistungen der Planungsgemeinschaft „pg bbi" wurden ebenfalls von Korkhaus bemängelt. Warum man jedoch bei angeblich erkannten Defiziten nicht rechtzeitig entsprechende Maßnahmen ergriff, um Schlimmeres zu vermeiden, konnte er nicht darstellen. Die Aussage des ehemaligen Gesamtprojektleiters deutet darauf hin, daß die Flughafengesellschaft von Anfang an nicht in der Lage gewesen zu sein scheint, ein Vorhaben wie den Bau dieses Airports zu stemmen.

Für Korkhaus selbst hatte das BER-Debakel bislang keine weitreichenden Folgen: Im Herbst 2012 wurde er zwar vom damals neu zur Flughafengesellschaft geholten Technik-Geschäftsführer Horst Amann seines Postens enthoben. Mittlerweile ist er jedoch an der Seite von Mehdorn in dessen „Sprint"-Team tätig. Auch vormals von der „pg bbi" beauftragte Planer arbeiten nun unter anderen Vertragsbedingungen wieder mit. Die Frage, warum im Zuge des bisherigen Krisenmanagements zwar die Geschäftsführung ausgetauscht und die Zusammenarbeit mit der Planungsgemeinschaft beendet wurde, aber die Projektsteuerer von „WSP CBP", die anscheinend irreführende Berichte ablieferten und offensichtlich überfordert waren, nach wie vor für die Flughafengesellschaft arbeiten, bleibt hochinteressant. Ebenso interessant wie die Frage, warum letztere bislang keine Haftungsansprüche gegen die Projektsteuerer geltend gemacht hat. Auch für die ahnungslosen Aufsichtsräte hatte das Desaster keine spürbaren Konsequenzen, allen voran Klaus Wowereit. Dieser war von 2001 bis 2013 Aufsichtsratsvorsitzender. Erst Anfang 2013 trat er von diesem Posten zurück. Mitte Dezember wählte das Gremium ihn erneut zu seinem Vorsitzenden, nachdem er es kurz nach dem Rücktritt von Matthias Platzeck (SPD) im Juli wieder kommissarisch geleitet hatte.

Wer seinen Posten allerdings schnell wieder loswurde, war der im Sommer als Geschäftsführer Technik in die FBB geholte Horst Amann. Dieser wollte, um das Projekt voranzubringen, mit einer umfangreichen Bestandsaufnahme beginnen. Dies führte zu einer Liste mit Baumängeln, die über 60000 Einträge umfassen soll. Mehdorn wiederum konnte mit solch einer systematischen Aufarbeitung des BER-Pfuschs nur wenig anfangen und ließ monatelang verlautbaren, daß sich seit der Einstellung Amanns auf der Baustelle nichts bewegt habe. Auch öffentlich schoß er gegen Amann. So sagte er in einer Anhörung des Bauausschusses des Berliner Abgeordnetenhauses am 5. Juni 2013: „ (…) wir wollen diesen Flughafen schnell fertigmachen. Da helfen uns nicht irgendwelche Leute, die wir aus dem Rheinland anwerben, die dann irgendwo anfangen zu lernen, wie der Berliner Flughafen konstruiert ist, sondern da brauchen wir Leute, die schon mal dabeiwaren, und die sind auch sehr hilfreich."[1] Amann wiederum soll sich Medienberichten zufolge beim Aufsichtsrat über Mehdorns Arbeitsweise beschwert haben. Die Springer-Postille B.Z. zitierte im September 2013 aus einem angeblichen Schreiben Amanns den Satz: „Es wird versucht, mich gegenüber dem Aufsichtsrat zu denunzieren und zu diskriminieren." Mittlerweile hat Mehdorn den Machtkampf für sich entschieden. Aber wie bei der Flughafengesellschaft üblich, fiel Amann nicht hart. Der Aufsichtsrat entschied im Oktober, ihn als Technik-Geschäftsführer abzulösen und ihm die Leitung der „Flughafen Energie & Wasser GmbH" (FEW), einer Tochterfirma der Flughafengesellschaft, zu übertragen. Die FEW verfügt über keine eigenen Mitarbeiter und läßt ihre Aufgaben per Geschäftsbesorgungsvertrag von der Flughafengesellschaft ausführen. Wie genau die neue Leitungsfunktion von Amann bei der FEW ausgestaltet ist, konnte zumindest der Berliner Senat bislang nicht sagen. Nur so viel: „Die bisherige Vergütung bleibt unverändert"[2] – und das dürften im Falle von Amann über 300000 Euro Jahresgehalt sein.

Trotz der überschaubaren Baufortschritte ließ Mehdorn es sich nicht nehmen, sein schon für 2013 avisiertes Projekt eines „Teilbetriebs" des BER für 2014 erneut zu annoncieren. Hierfür soll der Nordpier des Terminals mit Gepäckbändern und Check-In-Schaltern aufgerüstet werden, so daß mit einer kleinen Anzahl von Airlines der Flugbetrieb schon einmal ausprobiert werden kann. Sollte der BER insgesamt fertiggestellt sein, müßten diese Anlagen wieder abgebaut werden. Weiterhin kündigte Mehdorn für Januar 2014 einen Probebetrieb des BER an. Das ist vor der Inbetriebnahme eines Airports vorgeschrieben. Zunächst soll dieser mit Flughafenmitarbeitern durchgeführt werden, anschließend mit einer großen Zahl an Statisten. Von diesen Absichten ist allerdings bei der FBB noch nichts zu lesen. Auf deren Internetseite heißt es hierzu schlicht: „Sobald ein Termin für die Inbetriebnahme des Flughafens Berlin Brandenburg feststeht, starten wir mit den Planungen für eine weitere Runde des Probebetriebs." Ebenfalls ist für das neue Jahr vorgesehen, die bisher für den Betrieb des bestehenden Airport Schönefeld genutzte Nordbahn zu sanieren. Der Flugverkehr soll in dieser Zeit über die bereits für den BER fertiggestellte Südbahn abgewickelt werden. Hier ergeben sich zwei finanzielle Probleme: Die Sanierungskosten von über 40 Millionen Euro muß die Flughafengesellschaft aus neuen Darlehen aufbringen. Die Frage ist, ob sie in ihrem derzeitigen Zustand überhaupt Kredite zu vertretbaren Konditionen bekommen würde. Falls nicht, müßten die Anteilseigner wiederum dafür bürgen – so wie sie es schon bei den bisherigen Krediten für den BER-Bau tun. Das zweite finanzielle Problem ist, daß bei einer Verschiebung des Flugbetriebs von der Nord- auf die Südbahn die Schallschutzmaßnahmen für die Anwohner umzusetzen sind. Bis April sollen die entsprechenden Bescheide an 4381 Haushalte verschickt werden.

BER bei Anwohnern unbeliebt

Überhaupt ist die zu erwartende Lärmbelästigung für die Anwohner des Flughafens ein nach wie vor drängendes Problem, dessen sich zahlreiche Bürgerinitiativen angenommen haben. Mitte November hatte die Friedrichshagener zusammen mit anderen Gruppen mehr als 26000 Unterschriften zugunsten eines Volksbegehrens für eine Nachtflugverbot an allen Berliner Flughäfen an den Berliner Parlamentspräsidenten Ralf Wieland (SPD) übergeben. Damit wird das Abgeordnetenhaus aufgefordert, den Berliner Senat dazu zu bewegen, „unverzüglich Verhandlungen mit den Mitgesellschaften in der FBB zur Einführung eines Nachtflugverbotes von 22 bis sechs Uhr in Tegel, Schönefeld und am künftigen BER aufzunehmen“. Die Initiatoren begründen ihr Engagement mit mehreren wissenschaftlichen Studien, wonach nächtlicher Fluglärm stark gesundheitsschädlich sei und zu enormen Krankheitskosten führen würde. Von solcherlei demokratischem Engagement hält Wowereit nicht viel. Das machte er in einem Interview mit der *Berliner Morgenpost* vom 22. Dezember deutlich. Darin zählte er die Bürgerinitiativen zu den „vielen Kräften“, die daran arbeiten würden, daß der Flughafen kein Erfolg wird. „Sie wollen einen sehr reglementierten Flughafen daraus machen – mit ausgedehnten Flugverbotszeiten, die die wirtschaftlichen Möglichkeiten stark beschränken würden.“ Ein entsprechendes Volksbegehren wurde in Brandenburg allerdings schon Ende 2012 gewonnen und bewegte die „rot-rote" Landesregierung zu der Ankündigung, sich für dessen Umsetzung starkzumachen. In den kommenden Jahren wird sich die Lärmbelastung für die Anwohner des BER noch verschlimmern. Bislang hatte außer Mehdorn keiner der Verantwortlichen auf den Umstand hingewiesen, daß der Flughafen wohl von vornherein zu klein geplant ist und bald an seine Kapazitätsgrenzen stoßen wird. Umso mehr verwundert es, daß neuerdings ausgerechnet die Berliner CDU recht deutlich darauf hinweist. Zwei ihrer Kreisverbände faßten kürzlich einen Beschluß zum „Zukunftsraum TXL", bei dem es vordergründig um die Nachnutzung des Airportgeländes in Tegel gehen soll. In der Präambel heißt es: „Angesichts der aktuellen Entwicklung des Flugverkehrs muß die Anbindung Berlins an die Welt erhalten bleiben. Vor diesem Hintergrund muß geprüft werden, ob und wie mindestens eine dritte Start- und Landebahn für die Stadt gesichert werden kann."[3] Für diese dritte Start- und Landebahn gibt es nur zwei Möglichkeiten: Entweder bleibt Tegel weiter in Betrieb, was der bisherigen Planfeststellung des BER zwar widersprechen würde, rechtlich jedoch möglich wäre. Oder Tegel wird wie geplant vom Netz genommen und der BER erweitert. Bei beiden Varianten sind die jeweiligen Anwohner die Leidtragenden. Von den zusätzlichen Kosten ganz zu schweigen.

Baukosten unklar

Wie hoch die gesamten Baukosten für den Flughafen einmal liegen werden, ist nach wie vor unklar. Mittlerweile geistern verschiedene Zahlen umher. Nach einem internen Bericht der Projektsteuerer „WSP CPB", der über Bild an die Öffentlichkeit gelangte, würden die Kosten auf rund 5,7 Milliarden Euro steigen. Genauer kommentiert werden solche Zahlen weder von Politik noch FBB. Es ist jedoch naheliegend, daß die zu erwartenden Baukosten demnächst wieder einmal höher angesetzt werden müssen. Schon Ende 2012 waren die drei Anteilseigner der Flughafengesellschaft gezwungen, das Unternehmen mit 1,2 Milliarden Euro zu stützen. Diese Summe basierte auf der Annahme, daß der Flughafen im Oktober 2013 in Betrieb genommen würde. Da die Eröffnung auf unbestimmte Zeit verschoben wurde, geht diese Kalkulation mittlerweile nicht mehr auf. Hätten Bund, Berlin und Brandenburg damals die 1,2 Milliarden Euro nicht aufgebracht, wäre die FBB pleite gewesen, was für die öffentliche Hand nicht unbedingt die beste Lösung gewesen wäre. Denn zum Bau des BER hat die Flughafengesellschaft Kredite in Höhe von 2,4 Milliarden Euro aufgenommen. Diese wiederum verbürgten die Anteilseigner zu 100 Prozent. Wenn also die Kredite nicht mehr bedient werden, können sich die finanzierenden Banken an der öffentlichen Hand schadlos halten. Die drei Anteilseigner befinden sich damit in finanzieller Geiselhaft: Sie haben die Wahl, entweder immer mehr Geld in die Flughafengesellschaft zu pumpen und dabei zu hoffen, daß der BER irgendwann seine Kredite bedienen kann, oder einen Zusammenbruch der FBB in Kauf zu nehmen und die Kredite selbst zurückzuzahlen. Mit der Benennung der reinen Baukosten sind jedoch noch nicht alle Mittel erfaßt, die zur Errichtung des BER benötigt werden. Ehrlicherweise einzurechnen wären zum Beispiel die Kosten für Grundstücksankäufe, für Verkehrsanbindungen und weitere infrastrukturelle Maßnahmen, Kosten für Gutachter, Berater, Wirtschaftsprüfer und Rechtsanwälte, die Kosten für das gesamte Planfeststellungsverfahren inklusive des dazugehörigen Anhörungsverfahrens, Entschädigungszahlungen sowie die zusätzlichen Kosten, die durch den ursprünglich nicht vorgesehenen Weiterbetrieb des Airports Tegel über das Jahr 2012 hinaus anfallen. Zu alldem konnten oder wollten die Anteilseigner der Flughafengesellschaft bislang nicht öffentlich Stellung beziehen. Auch nicht zu der schon seit Jahren aufgeworfenen Frage, ob der BER einmal so rentabel sein wird, die Kosten für seine Errichtung wieder einzuspielen. Fundierte Hinweise auf die künftig mögliche Unwirtschaftlichkeit ziehen sich durch die gesamte Planungsgeschichte. Und bislang konnten weder Politik noch Flughafengesellschaft der Öffentlichkeit mit nachvollziehbaren Zahlen erläutern, welche Einnahmen mit dem BER erzielt werden müssen, damit er wenigstens seine Kredite bedienen kann und nicht zu einem jahrzehntelangen Zuschußgeschäft für die Steuerzahler wird.

Als im Jahr 2001 ein anderes Größenwahnprojekt – die Bankgesellschaft Berlin – implodierte und von der öffentlichen Hand gerettet wurde, meinten viele, es könne nicht noch einmal so schlimm kommen. Wowereit verkündete damals einen politischen „Mentalitätswechsel", der solche Riesenpleiten künftig verhindern sollte – dieser hat offensichtlich nie stattgefunden.

Anmerkungen:

[1] Abgeordnetenhaus von Berlin, Wortprotokoll BauVerk 17/28, S. 6
[2] Abgeordnetenhaus von Berlin, Drucksache 17/12749
[3] CDU Charlottenburg-Wilmersdorf/CDU Reinickendorf: Zukunftsraum TXL – Reinickendorf und Charlottenburg-Wilmersdorf wachsen zusammen, 4.12.2013

Junge Welt 2. Januar 2014

Transparenz auf Sparflamme

*Ein Sonderausschuss des Abgeordnetenhauses soll die offen geleg-
ten Verträge zu den Berliner Wasserbetrieben prüfen*

Im Februar 2011 hatten beim Volksentscheid „Unser
Wasser" über 660.000 Berliner/innen für den von der
Bürgerinitiative Berliner Wassertisch vorgelegten Geset-
zestext gestimmt. Das Gesetz trat am 4. März 2011 in
Kraft. Darin festgehalten ist nicht nur die komplette
Offenlegung des Vertragswerks zur Teilprivatisierung
der Berliner Wasserbetriebe von 1999, sondern auch die
Verpflichtung des Abgeordnetenhauses, über die Ver-
träge abzustimmen und sie vorher öffentlich zu prüfen.

Im § 3 des aus dem Volksentscheid hervorgegange-
nen Gesetzes heißt es: „Bestehende Verträge, Beschlüsse und Nebenabreden bedürfen einer eingehenden,
öffentlichen Prüfung und öffentlichen Aussprache
durch das Abgeordnetenhaus unter Hinzuziehung von
unabhängigen Sachverständigen." Hierfür beschloss das
Abgeordnetenhaus mit den Stimmen von SPD und
CDU am 1. Dezember vergangenen Jahres die Einsetzung eines Sonderausschusses. Seit Januar tagen seine
neun Mitglieder nun im Zweiwochenrhythmus. Die
Arbeit des Ausschusses ist bis zum 31. Dezember 2012
befristet. Dabei setzte die Koalition den von ihr ins
Parlament gebrachten Antrag durch. Bündnis 90/Die
Grünen, Die Linke und Piratenpartei hatten zuvor einen
eigenen Antrag vorgebracht. Dieser sah vor, dass vor
Beginn der Ausschussarbeit überprüft werden sollte, in
welchem Umfang zusätzliche Mittel für Personalkosten
der Fraktionen und Parlamentsverwaltung bereitzustel-

len wären. Schließlich seien die zu untersuchenden Vertragsbestandteile umfangreich und hochkomplex, weswegen mit einer erheblichen Mehrarbeit zu rechnen sei. Zudem dürften die im Gesetz geforderten unabhängigen Expert/innen die Prüfungsaufgaben kaum gratis durchführen.

Keine Mittel für Sonderausschuss

Die Koalition wehrte sich gegen das Ansinnen. Zusätzliche Mittel für die Ausschussarbeit bereitzustellen sei „dummdreiste Verschwendung von Steuermitteln", sagte der SPD-Abgeordnete und Sprecher für Rechts- und Netzpolitik Sven Kohlmeier in der Debatte des Abgeordnetenhauses am 1. Dezember 2011. Und weiter: „Sowas hätte man früher als Raubrittertum bezeichnet." Der Antrag der Koalitionsfraktionen entspräche genau dem, was der Wassertisch mit dem Volksentscheid durchgesetzt habe. In eine ähnliche Kerbe schlug der Abgeordnete Sven Rissmann für die CDU: Es gehe gar nicht um eine parlamentarische Aufklärung, sondern nur um „eine geordnete Offenlegung und Prüfung der Wasserverträge". Deshalb seien zusätzliche Mittel weder nötig noch vertretbar. Der Wassertisch kritisierte den Beschluss umgehend. „Expertise für ‚lau plus Fahrgeld'" würden CDU und SPD erwarten, heißt es einer Erklärung des Wassertischs. „Es wird also auf juristische Gutachten, die sich eingehend mit den damals geheimen, umfangreichen Verträgen auseinandersetzen, weitestgehend verzichtet." Ein Sonderausschuss ohne angemessene Ausstattung sei „eine Farce". Die von der Koalition vorgenommene Einrichtung des Ausschusses würde dem Gesetz lediglich „pro forma" genügen.

Es kann durchaus bezweifelt werden, dass die Koalition an einer ernsthaften Überprüfung – geschweige denn einer Anfechtung – der Verträge gelegen ist. Zu erwarten ist eher, dass die Senatsfraktionen, ähnlich wie die Vorgängerregierung auch, auf die spezialisierten Juristen des Senats zurückgreifen und sich mit deren Erklärungen zufrieden geben werden. Zumindest war das beim Verkaufsverfahren der Berliner Sparkasse und auch bei der „Risikoabschirmung" der Bankgesellschaft so, wo es beide Male ebenfalls um komplexe juristische Fragestellungen ging. Interessanterweise folgt die Große Koalition damit ihrer schon bei der Teilprivatisierung gefahrenen Strategie: die Abgeordneten möglichst unwissend lassen und die eigene Expertise ohne Konkurrenz ins Rennen schicken. Um den Ausschuss doch noch mit kritischer Expertise zu begleiten, hat sich ein kleiner Kreis zusammengefunden, an dem auch vom Wassertisch benannte Expert/innen beteiligt sind. Es kann jedenfalls nicht davon ausgegangen werden, dass ausgerechnet die beiden Parteien, die die Teilprivatisierung der Wasserbetriebe verbrochen haben, sich jetzt zu Vorreitern der politischen Aufarbeitung machen.

MieterEcho 352/Januar 2012

Nichts als Ausschuss?

Der Sonderausschuss „Wasserverträge" des Abgeordnetenhauses zeigt: Direkte und parlamentarische Demokratie passen nicht wirklich zueinander

Die Überraschung nach dem gewonnenen Volksentscheid zu den Berliner Wasserbetrieben war nicht nur bei den etablierten Parteien groß. Über 666.000 Berliner/innen stimmten im Februar letzten Jahres für den von der Bürgerinitiative Berliner Wassertisch vorgelegten Gesetzentwurf, wonach die bis dahin geheim gehaltenen Verträge zwischen dem Land Berlin und den privaten Investoren RWE und Veolia offen gelegt und einer öffentlichen Prüfung durch das Abgeordnetenhaus unterzogen werden müssen. Als problematisch erweist sich nun allerdings eine handwerkliche Schwäche des Gesetzentwurfs: Es überlässt die Ausgestaltung der Prüfung dem Parlament selbst. Und dieses funktioniert nach seinen eigenen Regeln.

Zur Vertragsprüfung heißt es im Paragraf 3 des Gesetzes für die vollständige Offenlegung von Geheimverträgen zur Teilprivatisierung der Berliner Wasserbetriebe vom 4. März 2011: „Bestehende Verträge, Beschlüsse und Nebenabreden bedürfen einer eingehenden, öffentlichen Prüfung und öffentlichen Aussprache durch das Abgeordnetenhaus unter Hinzuziehung von unabhängigen Sachverständigen." Die Vorgaben des Gesetzes sind, was die öffentliche Prüfung angeht, demnach nicht konkret gefasst. Das Abgeordnetenhaus wiederum unterliegt zum einen seinem eigenen Regelwerk aus gesetzlichen Grundlagen, Geschäftsordnung und jeweils angepassten Ausschussregularien und zum anderen spiegeln sich in jeder seiner Handlungen die gegeneinander ausgefochtenen Interessen der einzelnen Fraktionen wider. Dadurch, dass es dem Parlament selbst überlassen wurde, über die Form der öffentlichen Prüfung zu befinden, wurde ein monatelanger Diskussions- und Abstimmungsprozess in Gang gesetzt, der schließlich in der Einrichtung des Sonderausschusses „Wasserverträge" mündete. Seine erste Sitzung fand am 6. Januar 2012 statt – also fast ein Jahr nach dem Volksentscheid.

Sonderausschuss tagt seit Januar

Einen Sonderausschuss kann das Parlament für „einzelne Angelegenheiten" einrichten. Hat der Ausschuss seinen Auftrag erledigt, ergeht ein Bericht oder eine Beschlussempfehlung ans Parlament und anschließend wird er aufgelöst. Der Sonderausschuss „Wasserverträge" hat neun Mitglieder und ist bis zum 31. Dezember 2012 befristet. Im Gegensatz zu einem Untersuchungsausschuss besitzt ein Sonderausschuss weniger Rechte. So kann er beispielsweise keine Zeugen vorladen, sondern kennt nur „Anzuhörende". Gleichzeitig funktioniert er wie die ständigen Ausschüsse des Parlaments, was auch bedeutet, dass der Parteienproporz eine große Rolle bei der Erfüllung des Arbeitsauftrags spielt. Da der Sonderausschuss auf Betreiben der Regierungsfraktionen keine Extraausstattung für Personalkosten erhielt (*MieterEcho* Nr. 352/Januar 2012), befinden sich insbesondere die kleinen Oppositionsfraktionen in der Situation, mit ohnehin geringerer Ausstattung mehr fachliche Arbeit leisten zu müssen.

Im Gegensatz zu anderen Ausschüssen wird der Sonderausschuss regelmäßig von einem größeren Publikum verfolgt. Mitunter geht es recht emotional zu, beispielsweise wenn einzelne Wirrköpfe Journalisten angehen. Die Zuschauer bekommen immer wieder demonstriert, wie das Parlament – nicht nur im Sonderausschuss – in Wirklichkeit funktioniert. Einer vorbereiteten Opposition aus B90/Grüne, Die Linke und Piratenpartei steht eine mäßig interessierte Koalition aus SPD und CDU gegenüber, die sich oft nicht einmal die Mühe macht, ihren Ausführungen wenigstens einen sachlichen Anstrich zu geben. Rhetorische Tiefpunkte erreichen die Sitzungen, wenn insbesondere aufseiten der SPD Argumentation mit Geschwätzigkeit verwechselt wird. Dem Lauf der Dinge tut dies allerdings keinen Abbruch, da die Koalition ohnehin so gut wie jeden Antrag der Opposition niederstimmt oder – wenn sie einen guten Tag hat – mit endlosen Formaldebatten versucht, nicht Genehmes zu vertagen. Die „Kraft der Argumente" oder die Unabhängigkeit von Weisungen, die manche noch mit dem Parlament und seinen Abgeordneten in Verbindung bringen, war schon immer eine Fiktion. Wundern darf man sich ob des Verhaltens von SPD und CDU ohnehin nicht. Die Große Koalition der 90er Jahre hat die Teilprivatisierung der Wasserbetriebe schließlich verbrochen. Wer will da eine ernsthafte Auseinandersetzung mit den eigenen Hinterlassenschaften erwarten? Vor diesem Hintergrund scheint die Annahme, man könne dem Parlament eine gewisse Neutralität bei der Prüfung der Privatisierungsverträge zutrauen, recht naiv.

Bislang hat der Sonderausschuss selbst eher wenig Substanzielles hervorgebracht. Das liegt zum einen an seiner dem Parteienproporz gehorchenden Arbeitsweise und zum anderen daran, dass sich die Auseinandersetzungen zwischen den Ausschussmitgliedern allzu oft um Formalitäten drehen: Welche zusätzlichen Unterlagen können wie zugänglich gemacht werden, wie soll der Umgang mit als „vertraulich" eingestuften Dokumenten sein, was treibt der Senat in den parallel laufenden Verfahren des Kartellamts zu den Wasserpreisen und der EU-Kommission zur Teilprivatisierung etc.? Inhaltliche Glanzstücke erlebte der Ausschuss bislang nur, wenn die zu mehreren Sitzungen geladenen Sachverständigen wie die Vertrauenspersonen des Volksbegehrens Gerlinde Schermer und Rainer Heinrich die Teilprivatisierung aufschlüsselten und analysierten. So kritisierte Schermer die im Vertragswerk festgehaltene Renditegarantie für die privaten Anteilseigner an den Wasserbetrieben, die letztlich dazu geführt hätte, dass Ende 2011 der 1999 erzielte Kaufpreis bereits über die Gewinnabführung an die Privaten zurückgeflossen sei. Würden die Verträge wie beabsichtigt bis mindestens 2028 gelten, werden die Privaten das Dreifache des ursprünglichen Kaufpreises aus den Wasserbetrieben herausholen – und das auf Kosten der Berliner/innen, die seit der Teilprivatisierung ständig steigende Wasserpreise zu zahlen haben. Rainer Heinrich stellte heraus, dass durch die komplexe Konstruktion der Wasserbetriebe den Privaten die uneingeschränkte Herrschaft über das gesamte Unternehmen überlassen wurde, obwohl sie nur über 49,9% der Anteile verfügen. Das stelle eine Verletzung des grundgesetzlich verankerten Demokratiegebots dar,

wonach auch bei Unternehmen der Daseinsvorsorge
eine ununterbrochene Legitimationskette vom Volk bis
zur Staatshandlung bestehen muss. Das gilt auch bei der
Übertragung von staatlichen Aufgaben wie der Wasserversorgung auf Private. Die Legitimationskette werde
durch die Konstruktion der Wasserbetriebe unterbro-
chen. Der Vorsitzende der Verbraucherzentrale Berlin,
Prof. Jürgen Keßler, wies in seinem Vortrag darauf hin,
dass das Landesverfassungsgericht, das im Jahr 1999
schon einmal auf Betreiben von B90/Grüne und PDS
die Teilprivatisierung untersuchte, heute in Kenntnis der
offen gelegten Verträge wohl anders entscheiden würde.
Wenn nun über eine Organklage aus der Mitte des Abgeordnetenhauses die Verträge für verfassungswidrig
erklärt würden, könnte auf zivilrechtlichem Weg deren
Unwirksamkeit festgestellt werden. Allerdings sei eine
mögliche Rückabwicklung der Teilprivatisierung eine
juristische Problemstellung, die Stoff für mehrere
Dissertationen böte. Das Referat des Finanzvorstands
der Wasserbetriebe Frank Bruckmann, der zu den wirtschaftlichen Auswirkungen der Teilprivatisierung auf
den Landeshaushalt, die Wasserbetriebe und die Bür-
ger/innen sprechen sollte, geriet im Gegensatz dazu
eher zu einer langatmigen Rechtfertigung des Status
quo.

Wassertisch als unzufriedener Beobachter

Dass der Sonderausschuss bislang eher magere Resultate zeitigte, liegt auch darin begründet, dass er im
Gesamtgefüge des Abgeordnetenhauses eine vergleichsweise geringe Priorität besitzt. Parallel zu seiner Einsetzung fanden bis Mitte Juni die Beratungen zum Haushalt 2012/2013 statt. Das bedeutet, dass sowohl die

einzelnen Fachausschüsse als auch der Hauptausschuss
sich mit dem mehrere hundert Seiten starken Haushaltsplan zu beschäftigen hatten – parallel zum sonstigen Parlamentsbetrieb. Zudem wurde der Sonderausschuss mittlerweile von anderen Entwicklungen über-
holt. Monatelang verhandelte der Senat hinter verschlossenen Türen mit RWE über einen möglichen
Rückkauf der Anteile. Beide einigten sich schließlich auf
einen Kaufpreis von über 650 Millionen Euro. Kurz
darauf bot auch Veolia dem Land seine Anteile zum
Rückkauf an. Dem Wassertisch bleibt in dieser Konstellation bislang nur die Rolle des unzufriedenen Beobach-
ters, der als Unbeteiligter die Umsetzung „seines" Gesetzes verfolgen kann. Seine inhaltlich weitaus tieferge-
henden Veranstaltungen wie zum Beispiel die öffentlichen „Klärwerk"-Sitzungen, bei denen regelmäßig Teil-
aspekte der Privatisierung behandelt werden, erfahren
längst nicht mehr die Aufmerksamkeit, die ihnen zu-
stünde.

MieterEcho 355/Juli 2012

Teuer und nutzlos*

In einer Eilaktion peitschte der Senat am Donnerstag den Rückkauf der Berliner Wasserbetriebe durchs Parlament. Er verstößt dabei gegen die durch den Volksentscheid festgelegten Gesetzesbestimmungen

Im Lauf der 1990er Jahre waren auch in Berlin die regierenden Politiker in der Vorstellung verfangen, es gäbe im Sinne von Effizienz und nachhaltiger Haushaltspolitik eine einfache Lösung: die Privatisierung von landeseigenen Unternehmen. Zum einen begründeten die Senatoren der damaligen Koalition aus CDU und SPD die Privatisierungspolitik mit den üblichen Floskeln, daß Private eben besser wirtschafteten als der Staat und die unsichtbaren Kräfte des Marktes schon dafür sorgen würden, daß alles irgendwie preiswerter und „bürgernäher" werden würde. Zu diesen ideologischen Versatzstücken kam eine angebliche Haushaltskonsolidierungspolitik hinzu, die Berliner Politiker seit der Wiedervereinigung vorgeben zu betreiben. „Konsolidierung" meint in diesem Zusammenhang einfach den Verkauf landeseigener Unternehmungen zum Erzielen kurzfristiger Einnahmen für den Landeshaushalt bei gleichzeitigem Ignorieren der Folgen, die sich für die Berliner Bevölkerung erst nach Ablauf einer oder mehrerer Legislaturperioden ergeben. Diesem Privatisierungswahn fielen unter anderem die Energieunternehmen Bewag (heute Vattenfall) und Gasag zum Opfer. Ebenfalls in diesen Zyklus gehört die schon 1994 vorgenommene Gründung der Bankgesellschaft Berlin, mit der die öffentlich-rechtliche Landesbank Berlin unter ein privatrechtliches Holdingdach gestellt wurde. Das Modell der Bankgesellschaft wiederum diente als Grundlage für die komplexe Holdingkonstruktion der 1999 teilprivatisierten Berliner Wasserbetriebe. Hierzu gründete man eine neue „Berlinwasser Holding AG", in die die bisher vorhandenen Berliner Wasserbetriebe als Anstalt des Öffentlichen Rechts und ihre Tochtergesellschaften eingegliedert wurden. 49,9 Prozent der Holdinganteile wurden sodann an ein Beteiligungskonsortium der Konzerne RWE und Vivendi (heute Veolia) verkauft.[1] In einem bis zu einem Volksentscheid Anfang 2011 geheimgehaltenen Vertragswerk wurde unter anderem eine unbegrenzte Laufzeit der Verträge – mindestens aber bis zum Jahr 2028 – vereinbart. Zudem wurde die Betriebs- und Geschäftsführung auch der eingebrachten Wasserbetriebe als Anstalt öffentlichen Rechts in die Hände der Privaten gelegt. Das bedeutet, obwohl eigentlich in einer Minderheitenposition, sollten die Privaten faktisch alleine bestimmen, wohin es mit den Wasserbetrieben geht.

666000 gegen Teilprivatisierung

Heute möchte sich in der Berliner Politik niemand mehr so recht zum damals eingefädelten Deal mit RWE und Vivendi bekennen. Selbst der Regierende Bürgermeister Klaus Wowereit (SPD), der in den 90er Jahren in der „AG Vermögensaktivierung" der Berliner SPD die Privatisierungspolitik forcierte, ist mittlerweile von seiner ursprünglichen Position abgerückt – zumindest offiziell. Dies mag auch damit zusammenhängen, daß durch die Offenlegung der Teilprivatisierungsverträge ein besonderer Umstand ans Licht kam, der vorher zwar auch schon bekannt war, der offiziell aber nie zugegeben wurde: Im Konsortialvertrag zwischen Land Berlin und Privaten wurde im Paragraph 23.7 eine „Renditegarantie" für die Privaten festgeschrieben. Und dies nicht ohne Grund: Anhand einer im gleichzeitig entwickelten und verabschiedeten Teilprivatisierungsgesetz festgeschriebenen Berechnungsmethode sollten die Privaten grundsätzlich einen bestimmten jährlichen Gewinn aus dem Unternehmen ziehen können. Dieser Teil der gesetzlichen Bestimmungen wurde allerdings vom Landesverfassungsgericht sogleich als nichtig beurteilt. Von Anfang an griff nun Paragraph 23.7, der besagt: Sollte der ursprünglich im Teilprivatisierungsgesetz vereinbarte Gewinn nicht möglich sein, hat das Land diese Gewinne trotzdem durch eigenen Gewinnverzicht oder letztlich aus seinem Haushalt zu garantieren. Die Gewinnerwirtschaftung haben letztlich alle Wassernutzer zu tragen: Seit der Teilprivatisierung stiegen die Wasserpreise in Berlin um über 30 Prozent. Wichtig ist auch festzuhalten, daß sich Land und Private bisher die Gewinne untereinander aufteilten, also beide von den vertraglich möglich gemachten überhöhten Wasserpreisen profitierten. Diesen Umstand muß man im Hinterkopf behalten, wenn man die nun stattfindende „Rekommunalisierung" der Wasserbetriebe beurteilt. Daß die Entscheidung des Abgeordnetenhauses zur Teilprivatisierung keine wirklich saubere war, wurde in den folgenden Jahren von manchen Autoren kritisiert. So weist beispielsweise Alexis Passadakis auf den überstürzten Ablauf des eigentlichen Verkaufsakts hin: Am 29. Oktober 1999 trat das Abgeordnetenhaus zu einer kurzfristig anberaumten Sitzung zusammen, um das Geschäft zu beschließen. Am selben Tag wurde das Vertragswerk von Vertretern des Landes Berlin und der Privatunternehmen unterzeichnet.[2] Laut dem Landesvorsitzenden der Partei Die Linke, Klaus Lederer, war es zum Zeitpunkt der Abstimmung „nahezu unmöglich, mit der

166

Information, die das Parlament erhält, für die Abgeordneten einen umfassenden Einblick in die Geschäfte des Wasserbetriebe-Konzerns zu gewinnen und ihn damit effektiv kontrollieren zu können. (…) Kaum ein Parlamentarier kennt überhaupt die Tücken des unter (der damaligen Finanzsenatorin; die Verfasser) Fugmann-Heesing zur Kaufpreismaximierung ausgeheckten absonderlichen Konstrukts. Ich frage mich, ob Frau Fugmann-Heesing es selber begreift."[3] Verschiedene Autoren kritisierten in den Jahren nach der erfolgten Teilprivatisierung deren Legitimation, die damalige Opposition im Abgeordnetenhaus, bestehend aus Grünen und PDS, versuchte schon 1999 erfolglos mit einem Normenkontrollverfahren gegen das dem Verkauf an die Privaten zugrunde liegende Teilprivatisierungsgesetz vorzugehen. So umstritten die Teilprivatisierung der Wasserbetriebe auch immer war – wirklich angegangen wurde sie seitens der etablierten Politik bis zu einem Volksentscheid im Jahr 2011 nie. Im Gegenteil: Als sich um das Jahr 2006 das „Berliner Bündnis gegen Privatisierung" und die Bürgerinitiative „Berliner Wassertisch" an den Versuch machten, die Offenlegung der Teilprivatisierungsverträge mit einem Volksbegehren zu erzwingen, wurden sie von der damaligen „rot-roten" Koalition zunächst nur müde belächelt. Hier würden Themen aufgeworfen, die niemanden in der Stadt interessierten, lautete beispielsweise ein öffentlich erhobener Vorwurf eines Berliner Vorstandsmitglieds der Partei Die Linke. Ähnliches konnten sich die Aktivistinnen und Aktivisten jahrelang von dieser Partei anhören. Vertreter der Linken waren sich nicht einmal zu schade – nachdem das Volksbegehren erfolgreich war und an einem Sonntag im Februar 2011 der Volksentscheid anstand – massiv Stimmung gegen die Zielsetzung des Volksentscheids zu machen.

Vielleicht lag dies auch daran, daß der damalige Wirtschaftssenator Harald Wolf Vorsitzender des Aufsichtsrats der Wasserbetriebe war und in dieser Position gleichzeitig die Interessen Berlins und seiner Bevölkerung und die des gewinnorientierten Unternehmens zu vertreten versuchte. Am 13. Februar 2011 war es schließlich soweit. 2,5 Millionen Berliner und Berlinerinnen waren aufgerufen, über den vom „Berliner Wassertisch" vorgeschlagenen Gesetzentwurf zur Offenlegung der Teilprivatisierungsverträge abzustimmen. Das Ergebnis glich einem Erdrutsch: Über 666000 stimmten für den Gesetzentwurf, was einem Quorum von 98,2 Prozent entspricht. „Unser Wasser" war somit der erste gelungene Volksentscheid in der Geschichte Berlins und gleichzeitig ein deutliches Mißtrauensvotum für die Politik der damaligen „rot-roten" Koalition.

Volksentscheid wird ignoriert

Im Paragraph 3 des so durchgesetzten „Gesetzes für die vollständige Offenlegung von Geheimverträgen zur Teilprivatisierung der Berliner Wasserbetriebe" vom 4. März 2011 heißt es: „Bestehende Verträge, Beschlüsse und Nebenabreden bedürfen einer eingehenden, öffentlichen Prüfung und öffentlichen Aussprache durch das Abgeordnetenhaus unter Hinzuziehung von unabhängigen Sachverständigen." Hierzu beschloß das Abgeordnetenhaus Ende letzten Jahres mit den Stimmen der mittlerweile „rot-schwarzen" Regierung die Einsetzung des Sonderausschusses „Wasserverträge". Dieser zählt neun Mitglieder, tagt im Zweiwochenrhythmus und soll bis zum 31. Dezember 2012 seine Prüfungsarbeit beendet haben. Im Gegensatz zu einem Untersuchungsausschuß besitzt ein Sonderausschuß weniger Rechte, kann

zum Beispiel auch keine Zeugen vorladen und kennt
darum nur Anzuhörende. Bezüglich der Vertragsprüfung verhält es sich so, daß einerseits die Vorgaben im
Gesetz nicht konkret gefaßt sind. Andererseits gehorcht
das Landesparlament seinen eigenen Regeln, bestehend
aus gesetzlichen Grundlagen, Geschäftsordnung, jeweils
angepaßten Ausschußregularien sowie den ständig gegeneinander ausgefochtenen Interessen der einzelnen
Fraktionen. Der Verzicht auf konkrete Vorgaben zur
Ausgestaltung der Prüfung kann im Nachhinein als ein
großer handwerklicher Mangel des Offenlegungsgeset-
zes betrachtet werden. Darin ist die Grundannahme
impliziert, dem Parlament könne eine gewisse Neutralität in der Auseinandersetzung mit den Teilprivatisierungsverträgen zugebilligt werden. Diese Annahme
erweist sich zunehmend als sträflich naiv, denn bei den
bestehenden Mehrheitsverhältnissen im Parlament, die
sich eben auch in den Verhältnissen im Sonderausschuß
widerspiegeln, kann nicht erwartet werden, daß SPD
und CDU, die die Teilprivatisierung 1999 verbrochen
haben, ihre eigenen Hinterlassenschaften nun mit
neuem, kritischem Blick betrachten. Demnach verwundert es auch nicht, daß der Sonderausschuß bislang nur
magere Ergebnisse zeitigte und die in seinen Sitzungen
geführten Debatten sich zu einem großen Teil um
Interpretationen der Geschäftsordnung oder anderer
Formalitäten drehen. Wie wenig Senat und Regierungskoalition den selbst eingerichteten Sonderausschuß ernst
nehmen, zeigt sich darin, daß parallel zu dessen Prüfungsarbeit – die ja theoretisch durchaus in der einen
oder anderen Empfehlung zur Anfechtung der Teilprivatisierungsverträge münden könnte – zwischen Land
und RWE über einen Anteilsrückkauf durch das Land
verhandelt wurde. Selbstverständlich fanden diese Ver-

handlungen hinter verschlossenen Türen statt und am 17. Juli trat Finanzsenator Ulrich Nußbaum (parteilos) mit einer Erklärung an die Öffentlichkeit, daß ein neuer Kaufvertrag zwischen dem Land Berlin und RWE bereits unterschrieben sei und das Abgeordnetenhaus den Rückkauf nach der Sommerpause bloß noch abnicken müsse. Vorangegangen seien diesem Ergebnis zweijährige „intensive Verhandlungen“. Geeinigt hatte man sich im Juli auf eine Rückkaufsumme von 618 Millionen Euro. Addiert werden Zinszahlungen an RWE von 30 Millionen Euro und „weitere Ausgleichszahlungen“ von 9,3 Millionen Euro. Da jetzt von 654 Millionen die Rede ist, werden also drei Millionen weniger gezahlt. Der Vertrag soll rückwirkend zum 1. Januar 2012 in Kraft treten. Bei dem abseits der Öffentlichkeit ausgehandelten Deal versucht der Senat, sich eine transparente Fassade zu geben. Unter Berufung auf das Offenlegungsgesetz veröffentlichte er den mit RWE ausgehandelten Vertrag auf den Internetseiten der Senatsverwaltung für Finanzen, wobei aber entscheidende Vertragsbestandteile mit dem Verweis auf schützenswerte Interessen von Veolia zurückgehalten werden.[4] Gleichzeitig verstößt der Senat allerdings kaltschnäuzig gegen das Ergebnis des Volksentscheids, wonach eben zunächst die jetzt bestehenden Verträge öffentlich geprüft werden müssen, was im Sonderausschuß vorgeblich passieren soll. Durch den nun überstürzt angeleierten Rückkauf der RWE-Anteile schafft der Senat Fakten und schert sich nicht weiter um Sonderausschuß oder Volksentscheid. Und ähnlich wie bei der Teilprivatisierung 1999 versuchte der Senat wieder, das Parlament zu überfahren. Dieses gab sich allerdings bedingt durch den Kadavergehorsam der Regierungsfraktionen zu solch einer Farce bereitwillig hin und handelte mit der Begründung, aus steuerlichen Gründen müsse der Rückkauf noch im August abgesegnet werden, ebenso vorschnell. So war auf dem ursprünglichen Ablaufplan für das Plenum am 25. Oktober kein Wort über das anstehende Vermögensgeschäft zu lesen. Erst einen Tag vor der Plenarsitzung befaßte sich der Unterausschuß „Vermögen" in einer nichtöffentlichen Sitzung mit dem Deal, gab eine Beschlußempfehlung an den Hauptausschuß, welcher am gleichen Tag zusammentrat und ebenfalls eine Beschlußempfehlung an das gesamte Parlament abgab. Mit dieser überstürzten Verfahrensweise wurde aus einem der wichtigsten Vermögensgeschäfte der letzten Jahre eine Tischvorlage, die die Abgeordneten nur noch durchwinken mußten.

Kritik vom Wassertisch

Insgesamt handelt es sich bei dem unter Finanzsenator Nußbaum erarbeiteten Rückkaufkonstrukt jedenfalls um ein ebenso fragwürdiges wie teures Geschäft. Denn der eigentliche Clou ist, daß der Rückkauf sich selbst tragen und der Landeshaushalt durch ihn nicht belastet werden soll. Mittels Kreditaufnahme seitens der Berliner Wasserbetriebe ist angedacht, daß das Land Berlin die bisherigen RWE-Anteile in der Beteiligungsgesellschaft (RVB) übernehmen soll, Veolia hält weiterhin 50 Prozent der Anteile. Durch die Kreditaufnahme des Unternehmens selbst tauchen die Millionensummen nicht im Landeshaushalt auf. An der Unternehmenspolitik soll sich allerdings nichts ändern. Denn dieses Modell beinhaltet nichts anderes, als daß die Kunden der Berliner Wasserbetriebe – also nahezu alle Berlinerinnen und Berliner – mit ihrer Wasserrechnung nun eben nicht mehr die Rendite von RWE bezahlen, sondern der

RWE-Gewinnanteil an den überhöhten Wasserpreisen eben in die von Nußbaum erdachte Refinanzierung fließt. Ob und wie Veolia als der zweite private „Partner" sich in Zukunft verhält, ist zumindest öffentlich noch nicht bekannt. Daß das Unternehmen auf seine nach wie vor garantierte Rendite verzichtet, ist eher unwahrscheinlich. Den teuren Rückkauf versuchte die „rot-schwarze" Koalition der Öffentlichkeit mit der Behauptung schmackhaft zu machen, sie würde für eine Senkung der Wasserpreise sorgen. In Wirklichkeit sollen nur die Trinkwasserpreise um 15 Prozent sinken und dies auch nur, weil das Bundeskartellamt im Juni eine Preissenkung verfügt hatte. Diese Preissenkungsverfügung, die noch nicht rechtsgültig ist, sieht allerdings eine Senkung der Trinkwasserpreise in diesem Jahr um 18 Prozent und in den Jahren bis 2015 um 17 Prozent im Vergleich zu 2011 vor. Die ebenfalls überhöhten Abwasserpreise, über die ein Großteil der Einnahmen generiert wird, sind von dieser Entscheidung ohnehin nicht betroffen. In jedem Fall wird sich an den hohen Wasserpreisen in den nächsten Jahren, wenn nicht gar Jahrzehnten, nicht viel ändern. Darauf weist auch Nußbaum selbst in seiner Pressemitteilung zur Vertragsunterzeichnung hin.[5] Der Wassertisch kritisierte das Verfahren scharf. Der von Senat und RWE ausgehandelte Kaufpreis sei überhöht, da er dem tatsächlichen Unternehmenswert der Wasserbetriebe nicht entspreche. Denn die Mißbrauchsverfügung des Bundeskartellamts, wonach die überteuerten Berliner Trinkwasserpreise deutlich zu senken sind, wirke sich demnach negativ auf den Unternehmenswert aus. Die Wettbewerbshüter ordneten mit ihrer abschließenden Preissenkungsverfügung vom 5. Juni 2012 an, daß der Trinkwassertarif für die Jahre 2012 um 18 und für die Jahre 2013 bis 2015 um durchschnittlich 17 Prozent jeweils im Vergleich zu 2011 gesenkt werden müssen, was bedeutet, daß die Erlöse der BWB im gesamten Zeitraum um zirka 254 Millionen Euro sinken.[6] Zudem würde durch das Finanzierungsmodell, wonach die Wasserbetriebe selbst einen Kredit aufnehmen sollen, um den Rückkauf zu finanzieren, ein Schattenhaushalt geschaffen, der nicht nur verfassungsrechtlich bedenklich sei. Aus diesen Gründen rief die Initiative die Abgeordneten im Vorfeld dazu auf, dem Rückkaufmodell von Rot-Schwarz nicht zuzustimmen. „Beachten Sie die Verfassung und folgen Sie nicht blind einer Exekutive, die sich weiter darüber hinwegsetzen will. Beachten Sie das finanzielle Interesse der Menschen in dieser Stadt, das der Senat mit seiner Vorlage erneut mißachtet", heißt es in einer Erklärung. Da sich an der Konstruktion der Wasserbetriebe sowie an den Wasserpreisen in absehbarer Zeit nichts ändern wird und zudem nach wie vor mit Veolia ein Privater mit im Boot sitzt, kann hier höchstens von einer Schein-Rekommunalisierung gesprochen werden. Der Berliner Fall erinnert zudem stark an die Auflösung der „öffentlich-privaten Partnerschaft" zwischen der Stadt Potsdam und dem Konsortium Eurawasser bestehend aus Thyssen (Deutschland) und Suez Lyonnais des Eaux (Frankreich) im Jahr 2000. Auch hier wurde von den politisch Verantwortlichen zwar eine Rekommunalisierung vorgenommen, die Potsdamer Bevölkerung blieb dabei aber außen vor. Von mehr Transparenz oder gar einer wie auch immer gearteten Demokratisierung der Potsdamer Wasserversorgung konnte im Anschluß an die Rekommunalisierung keine Rede sein. Daß es auch anders gehen kann, zeigt allerdings das Beispiel Paris. Seit 1. Januar 2010 ist die Pariser Wasserver- und -entsorgung wieder vollständig in städtischem Besitz. Zuvor teilten sich über 25 Jahre zwei große private Unternehmen diese Aufgabe – die Preise stiegen kontinuierlich, Transparenz und öffentliche Kontrolle wurden zunehmend schwieriger. Durch den Wegfall von Gewinnabführungen an die Privaten nach der Rekommunalisierung konnten die Wasserpreise 2011 bereits erstmals gesenkt werden. Zudem sind mehr Transparenz sowie demokratische Beteiligung mittels eines neuen Beteiligungsgremiums beispielhaft.[7] Der teilweise Rückkauf der Berliner Wasserbetriebe zeigt zum einen, daß die Berliner Politik nach den Privatisierungsfehlern der Vergangenheit keinen Deut klüger geworden ist. Im Gegenteil, mit dem jetzigen Manöver der „rot-schwarzen" Landesregierung werden die demokratisch höchst fragwürdigen und nicht legitimierten Zustände der Teilprivatisierung nicht beendet, sondern durch die Absicht, den Kaufpreis durch die Wasserbetriebe selbst aufbringen zu lassen, für weitere Jahre zementiert. Zum anderen zeigt dieses Beispiel aber auch, daß unter einer Rekommunalisierung nicht per se ein verbesserter Zustand zu begreifen ist, wie es viele linke Akteure in einer recht kurzsichtigen aber gemütlichen Staatsgläubigkeit gerne hätten. Rekommunalisierung ohne Demokratisierung kann kein Fortschritt sein und darf den Herrschenden nicht allein überlassen werden. Hier ist, das zeigen die erfolgreichen Aktivitäten des Berliner Wassertischs, die Zivilgesellschaft gefragt. Mehr denn je.

*Gemeinsam mit Mathias Behnis

Anmerkungen:

[1] Anfangs hielt auch Allianz Capital Partners Anteile, die kurze Zeit später an RWE und Vivendi veräußert wurden.

[2] Alexis Passadakis, Die Berliner Wasserbetriebe, Berlin 2006, S. 24

[3] Zitiert nach: Mathew D. Rose, Warten auf die Sintflut, Berlin 2004, S. 91

[4] Siehe www.berlin.de/sen/finanzen/vermoegen/beteiligungen/berlinwasser1.html

[5] Ebd.

[6] Vgl. Bundeskartellamt, Pressemeldung vom 5. 6. 2012

[7] Siehe das Interview mit Anne Le Strat in junge Welt vom 3.5.2011

Junge Welt 27. Oktober 2012

Irrweg im Konzerninteresse

Berlin kauft seine teilprivatisierten Wasserbetriebe komplett zurück. Aktivisten protestierten dagegen

Während draußen die Aktivisten des Berliner Wassertischs (berliner-wassertisch.net) protestierten, beschloß das Berliner Abgeordnetenhaus am Donnerstag abend vergangener Woche den Rückkauf von 24,9 Prozent der Anteile des französischen Konzerns Veolia an den Berliner Wasserbetrieben. Diese waren 1999 zu 49,9 Prozent an ein Konsortium aus RWE und Vivendi (heute Veolia) verkauft worden. Seit dieser Teilprivatisierung stiegen die Wasserpreise um rund 35 Prozent. Im Jahr 2011 hatte der Wassertisch einen Volksentscheid initiiert, um die bis dahin geheimen Privatisierungsverträge offenzulegen. Veolia soll nun 590 Millionen Euro erhalten.

Bereits im Herbst letzten Jahres hatte das Land die Anteile von RWE zu einem Preis von 658 Millionen Euro zurückgekauft. Finanziert werden soll das Ganze über von den Wasserbetrieben aufzunehmende Kredite. Da diese eine Laufzeit von 30 Jahren haben und mittels der Gewinne der Wasserbetriebe getilgt werden sollen, besteht wohl keine Aussicht auf deutlich sinkende Wasserpreise oder eine andere Art der Gewinnverwendung. Die Oppositionsfraktionen von Linke, Piraten und Grünen stimmten am Donnerstag gegen das Geschäft mit Veolia. Sie kritisierten, daß mit diesem Rückkaufmodell keine deutliche Wasserpreissenkung möglich sei und die bisher an die Konzerne gezahlten Gewinne nun in den Landeshaushalt fließen sollen. Auf einen Teil der

Gewinne will Berlin allerdings nach Angaben des Regierenden Bürgermeisters Klaus Wowereit (SPD) ab dem kommenden Jahr verzichten, um so eine Preissenkung herbeizuführen. Zuvor hatte das Bundeskartellamt die Berliner Wasserpreise als überhöht eingestuft. Ob mit der Rekommunalisierung tatsächlich eine Veränderung in der Geschäftspolitik einhergeht, ist zu bezweifeln. Der noch von Veolia eingesetzte Vorstandsvorsitzende Jörg Simon soll jedenfalls im Amt bleiben. Den Vorsitz des Aufsichtsrats soll in der nächsten Zeit Finanzsenator Ulrich Nußbaum (parteilos) von Wirtschaftssenatorin Cornelia Yzer (CDU) übernehmen. Die ehemalige SPD-Abgeordnete Gerlinde Schermer, die 1999 gegen die Teilprivatisierung gestimmt hatte und sich nun beim Wassertisch engagiert, kritisierte die bisherige Privatisierungspolitik als „Irrweg, den alle Berliner mit mißbräuchlich überhöhten Wasserpreisen und unterlassenen Investitionen zu bezahlen gezwungen worden sind. Mit den ebenfalls nachweisbar überhöhten Rückkaufpreisen für RWE und Veolia handelt auch die jetzige Landesregierung noch einmal nur im Interesse der Konzerne." Laut Berechnungen der Initiative hat allein Veolia zwischen 1999 und 2012 insgesamt 930 Millionen Euro an Gewinnen kassiert. Der Wassertisch kritisiert zudem, daß gleichzeitig auf Ausgaben für Erhalt und Sanierung des Wassernetzes verzichtet wurde. Dies hätte in den Rückkaufpreis einberechnet werden müssen, der deshalb deutlich zu hoch liege. Die künftigen Betriebe müßten demokratisch und transparent geleitet werden. Zudem dürfte der Rückkauf kein Vorwand für Lohnsenkungen oder Arbeitsplatzabbau sein. Unter dem Dach der Wasserbetriebe soll künftig auch das von SPD und CDU ins Leben gerufene Stadtwerk agieren. Die Koalition hatte in einer übereilten Aktion wenige

Tage vor dem Volksentscheid zur Gründung eines Stadtwerks und Übernahme der Energienetze am 3. November eine Gegeninitiative durchs Abgeordnetenhaus gepeitscht und damit aus Sicht der Opposition gegen parlamentarische Regeln verstoßen.

Junge Welt 11. November 2013

Alles auf Anfang?*

Die Berliner Wasserbetriebe befinden sich bald wieder zu 100% in öffentlicher Hand – viele mögliche Verbesserungen sind noch offen

„Wir haben mit Veolia in den vergangenen Wochen konstruktiv, aber auch hart verhandelt. Ich bin mit dem Ergebnis zufrieden." Mit diesen Worten gab Finanzsenator Ulrich Nußbaum (parteilos) am 10. September die Einigung mit dem französischen Konzern zum Rückkauf von dessen Anteilen an den Berliner Wasserbetrieben durch das Land Berlin bekannt. Die Wasserbetriebe waren im Jahr 1999 zu 49,9% an ein Konsortium der Konzerne RWE und Vivendi (heute Veolia) verkauft worden. Danach stiegen die Wasserpreise um über 30%. Im Herbst letzten Jahres hatte sich RWE von seinen Anteilen getrennt. Die bei Veolia verbliebenen 24,95% der Anteile kaufte das Land nun für 590 Millionen Euro zurück. Finanziert werden soll der Rückkauf über den künftigen Gewinn der Wasserbetriebe – über einen Zeitraum von 30 Jahren. Die Bürgerinitiative Berliner Wassertisch sowie die Opposition im Abgeordnetenhaus kritisieren das Rückkaufmodell als überteuert. Der Wassertisch hatte im Februar 2011 mit seinem erfolgreichen Volksentscheid dafür gesorgt, dass die bis dahin geheim gehaltenen Teilprivatisierungsverträge offen gelegt werden mussten. Damit löste er eine stadtpolitische Debatte zu den Wasserbetrieben aus, deren vorläufiger Höhepunkt nun die Rekommunalisierung bildet. Interessanterweise wird der Rückkauf von SPD und CDU und damit von den Parteien umgesetzt, die 1999 für die Teilprivatisierung verantwortlich waren. Die zwischenzeitlich regierende rot-rote Koalition hatte sich zu solch einem Schritt nie durchringen können. Den Rückkauf begrüßte die Bürgerinitiative als Schritt in die richtige Richtung, schließlich hatte sie für eine Rekommunalisierung gekämpft. Gleichzeitig übte sie jedoch scharfe Kritik an der Transaktion. Ähnlich wie beim Rückkauf der RWE-Anteile 2012 bemängelt der Wassertisch die über den Kaufpreis an die Konzerne ausgezahlten Gewinne. Diese wiederum waren vertraglich bis zum Jahr 2028 festgeschrieben. Statt also wie bisher Jahr für Jahr abzukassieren, erhalten die Konzerne mit dem Nußbaum-Deal die geplanten Renditen auf einen Schlag – kein schlechtes Geschäft also. Ganz los wird Berlin Veolia allerdings in der nächsten Zeit ohnehin nicht werden: „Veolia wird in Deutschland aktiv bleiben und seine Tätigkeiten im Wasser- und Abfallmanagement für kommunale und industrielle Kunden weiter ausbauen", gab der Konzern im Zuge der Einigung zum Rückkauf bekannt. Die Frage für Berlin und seine Wasserbetriebe wird künftig sein, ob und zu welchen Konditionen weiterhin Dienstleistungsverträge mit Veolia oder Tochterunternehmen des Konzerns bestehen sollen.

„Goldener Handschlag" für Veolia

Die Bürgerinitiative moniert an der hohen Rückkaufsumme für die Veolia-Anteile, dass diese um die Gewinne reduziert werden müsste, die der Konzern seit dem Weggang von RWE zusätzlich eingestrichen hat. Zudem müssten nicht getätigte Investitionen vom Kaufpreis abgezogen werden. Nach Berechnungen der Initiative hätte ein Kaufpreis von maximal 470 Millionen Euro gezahlt werden dürfen. Dieser hätte aus dem Landeshaushalt aufgebracht werden sollen, denn schließlich wurde im Jahr 1999 der damalige Privatisierungserlös von 1,68 Milliarden Euro auch im Landeshaushalt verbucht. Nach dem Nußbaum-Modell kämen nun die Wasserkund/innen für die nächsten Jahrzehnte für den Rückkauf auf. Ähnlich äußerten sich Vertreter der Oppositionsfraktionen im Abgeordnetenhaus. So hieß es zum Beispiel in einer Erklärung der Grünen-Abgeordneten Heidi Kosche: „Die von SPD und CDU versprochene Wasserpreissenkung ist bis heute ein leeres Versprechen geblieben. Stattdessen müssen die Wasserbetriebe rund 1,2 Milliarden Euro Kredite aufnehmen, um den vollständigen Rückkauf zu ermöglichen. Die Wasserkunden werden diese Kreditlast über die weiterhin missbräuchlich überhöhten Wasserpreise zurückzahlen müssen." Klaus Lederer (Die Linke) – seit dem Ausscheiden seiner Partei aus der Regierung ein Freund von Rekommunalisierungspolitik – erklärte: „Der Senat will weiter abkassieren statt Verantwortung für sozial gerechte Preise und eine nachhaltige Unternehmensentwicklung zu übernehmen." Heiko Herberg (Piraten) wies in der Plenardebatte am 12. September darauf hin, dass eine Finanzierung des Rückkaufs über die Wasserpreise nicht sozialverträglich sei. Schließlich müssten alle Berliner/innen unabhängig von ihrem Einkommen dieselben Preise bezahlen. Zudem sei mit dieser künftigen Belastung der Wasserbetriebe fraglich, ob dringend notwendige Investitionen, zum Beispiel in das marode Leitungsnetz, angemessen erfolgen können. Allein die CDU scheint den privaten „Partnern" ein wenig nachzutrauern. In derselben Debatte wies deren Abgeordneter Michael Garmer darauf hin, dass die Privaten schließlich „die Effizienz des Unternehmens durch Prozessoptimierung und durch sozialverträgliche Personalreduktion deutlich erhöht" hätten.

Während im parlamentarischen Raum noch über den Rückkaufpreis gestritten wurde, ging der Berliner Wassertisch bereits weiter und trat im Spätsommer mit Forderungen an die Öffentlichkeit, wie die vollständig im Besitz der öffentlichen Hand stehenden Wasserbetriebe umstrukturiert und demokratisiert werden könnten. Ziel solch einer Neuausrichtung sei eine transparente, also ohne geheime Gremien arbeitende, sozial gerechte und ökolo-gisch nachhaltige Wasserbewirtschaftung in Berlin. Diese solle partizipativ, also unter der Beteiligung der Verbraucher/innen, ausgerichtet werden. Als erstes konkretes Projekt hierzu stellte die Initiative einen Vorschlag für eine „Berliner Wassercharta" zur öffentlichen Diskussion. Die Charta ist eine Weiterentwicklung der Grundsätze der Europäischen Wassercharta von 1968, der Wiener Wassercharta von 2001 und der vom Wassertisch seit 2011 erarbeiteten Vorstellungen. Sie soll als Leitlinie für das Handeln erneuerter und nur dem Gemeinwohl – aber nicht dem Profit – verpflichteter Wasserbetriebe in Berlin dienen. Dazu stellt die Charta sowohl Anforderungen an die Bevölkerung als auch an Politik und Wasserbetriebe, unter anderem dass grundsätzlich verantwortungsvoll mit der Ressource Trinkwasser umzugehen ist und dass Wasser für alle erschwinglich sein muss. Künftig sollen die Verbraucher/innen nur noch Gebühren bezahlen, mit denen die Kosten gedeckt sowie Rücklagen für die wirtschaftliche und technische Entwicklung gebildet werden können. Der Charta zufolge ist die Erwirtschaftung von Gewinnen ausgeschlossen, ebenso wie eine erneute Privatisierung der Wasserbetriebe. Für die Beschäftigten sollen gute Arbeitsbedingungen festgeschrieben werden.

Nach der Vision des Wassertischs dient die Charta als Grundlage für künftige gesetzliche Bestimmungen.

Zukunftsoption Kontrollgremium

Ein weiterer vom Wassertisch entwickelter Vorschlag ist die Installation eines demokratischen Beteiligungs- und Kontrollgremiums. Mit diesem Gremium, das den Arbeitstitel „Berliner Wasserrat" trägt, sollen Transparenz, Kontrolle und Beteiligung von Bürger/innen bei der Wasserpolitik ermöglicht werden. Dies würde mit einer Änderung der Rechtsform der bisher als Holding organisierten Wasserbetriebe einhergehen. Wie solch ein Gremium konkret ausgestaltet werden soll, will der Wassertisch in einem breiten gesellschaftlichen Dialog erarbeiten. Eine Option sieht er im Pariser Modell. Dort wird seit 2010 – nach 25 Jahren Versorgung durch private Unternehmen – die Wasserversorgung der Stadt wieder allein durch die öffentliche Hand organisiert. Sowohl der neue Verwaltungsrat als auch ein spezielles Kontrollgremium („Observatoire de l'eau") sind mit Interessenvertretern von Parlament, Beschäftigten, Verbraucher/innen, Umweltschutzverbänden und anderen besetzt. Ein etwas weitergehendes Modell für ein Stadtwerk hat bereits der Berliner Energietisch entwickelt, das ebenfalls als Beispiel für künftige Wasserbetriebe gelten könnte. Die Investitionstätigkeit der Wasserbetriebe will der Wassertisch künftig über ein öffentliches Monitoring kontrollieren. Auch dafür wären geeignete Instrumente im Zuge einer demokratischen Umstrukturierung des Konzerns zu entwickeln. Noch im Herbst will der Wassertisch im Rahmen einer größeren Veranstaltung mit der öffentlichen Debatte um die Zukunft der Berliner Wasserbetriebe beginnen.

*Gemeinsam mit Mathias Behnis

MieterEcho 363/Oktober 2013

Aufklärung von unten

Mit seiner „AG Klärwerk" will der Berliner Wassertisch die Teilprivatisierung der Berliner Wasserbetriebe aufarbeiten

Die Teilprivatisierung der Berliner Wasserbetriebe und die daraus resultierenden Preissteigerungen für eines der wichtigsten Grundversorgungsgüter spielen in der Berliner Politik weiterhin eine große Rolle. Im Februar 2011 gewann die Initiative Wassertisch mit über 666000 Stimmen einen Volksentscheid, der die Offenlegung aller Verträge, Beschlüsse und Nebenabreden zur Privatisierung gesetzlich festschreibt. Am 13. März trat das Gesetz in Kraft, und mittlerweile hat der Senat allen Fraktionen des Abgeordnetenhauses entsprechende Unterlagen zugesandt und behauptet, alle Verträge lägen offen, und das Gesetz sei damit umgesetzt. Der Wassertisch allerdings bezweifelt, daß nun wirklich alle vertragsrelevanten Unterlagen öffentlich zugänglich sind, und kritisiert zudem, daß der „rot-rote" Senat auf deren Grundlage mit RWE über einen Anteilsrückkauf verhandelt, anstatt die Verträge unabhängig prüfen zu lassen und möglicherweise anzufechten. Daß es gute Gründe gibt, das nun offiziell bekannte Vertragswerk nicht ungefragt hinzunehmen, wurde bei einer Veranstaltung des Wassertischs am 17. Mai deutlich. Die Wasserbetriebe waren 1999 von der Koalition aus CDU und SPD zu 49,9 Prozent an die privaten Investoren RWE und Vivendi (heute Veolia) verkauft worden. Seit der Teilprivatisierung stiegen die Wasserpreise bislang um 35 Prozent. Die Bürgerinitiative Berliner Wassertisch kämpfte jahrelang für die Offenlegung der Verträge und hat jetzt mit dem „Klärwerk" eine eigene Arbeitsgruppe gegründet, die sich der Aufarbeitung der Teilprivatisierung im Detail widmen will. Bei der ersten öffentlichen Versammlung des „Klärwerks" referierten der ausgewiesene Kenner der Wasserbetriebe und Mitbegründer des Wassertischs Rainer Heinrich sowie die ehemalige SPD-Abgeordnete Gerlinde Schermer, die 1999 gegen die Teilprivatisierung stimmte. Beide erläuterten den komplexen Ablauf des Anteilsverkaufs und verwiesen auf zahlreiche Interessenskollisionen und Fragwürdigkeiten bei der Gestaltung von Teilprivatisierungsgesetz und -verträgen sowie beim damaligen Ausschreibungsverfahren. Allein aus diesem Grund müßten die Verträge angefochten werden, so Heinrich und Schermer. Auch sei durch die Veröffentlichung das bestätigt worden, was Kritiker der Teilprivatisierung zwar immer behaupteten, Senat und private Investoren aber stets leugneten: Die vertraglich geregelte Renditegarantie für die Privaten. Mit Paragraph 23 des Teilprivatisierungsvertrags hat sich das Land Berlin verpflichtet, im Fall von Ereignissen, die die Gewinne der Privaten schmälern könnten, einen finanziellen Ausgleich zu leisten. Entweder verzichtet es auf seine eigenen Gewinne, oder es bezahlt die Rendite aus dem Landeshaushalt. So bleibt für die Privaten so gut wie kein unternehmerisches Risiko – bezahlen müssen die Berliner entweder per Wasserrechnung oder per Steuerbescheid. Auch eine mögliche Änderung der Gesetzeslage oder Verfassungsgerichtsurteile werden im Vertrag dergestalt umgangen, daß das Land den Privaten daraus resultierende „wirtschaftliche Nachteile" auszugleichen habe. Der Vertrag hebelt also zusätzlich zur Gewinngarantie auch noch Verfassungsorgane aus. Kein Wunder, daß Senat und Private sich erst durch den Druck des Volksentscheids genötigt sahen, das skandalöse Machwerk zu veröffentlichen. Der Wassertisch will die im „Klärwerk“ erarbeiteten Erkenntnisse nun mit Veranstaltungen, Infoständen und Publikationen weiter in die Öffentlichkeit bringen und sich auch aktiv in den anstehenden Berliner Wahlkampf einmischen. Daß sich die Parteien schon jetzt vor einer Auseinandersetzung fürchten, wurde ebenfalls am 17. Mai deutlich. Ursprünglich sollte die „Klärwerk“-Sitzung im Abgeordnetenhaus stattfinden, mußte jedoch auf andere Räumlichkeiten ausweichen. Man munkelt, Abgeordnete der SPD hätten sich dafür eingesetzt, den Wassertisch möglichst außen vor zu halten.

Junge Welt 20. Mai 2011

Motor der Rekommunalisierung

Berliner Initiative lud zur Gründungsversammlung des Wasserrates

Bereits im September hatte der Wassertisch angekündigt, ein zivilgesellschaftliches Bündnis ins Leben rufen zu wollen, das sich mit der künftigen Gestaltung der Berliner Wasserbetriebe auseinandersetzt. 40 Teilnehmer kamen nun am Donnerstagabend zur Gründung des Wasserrates. Mit dabei waren unter anderem Vertreter von Organisationen wie dem Berliner Mieterverein, Attac, BUND, dem Verband deutscher Grundstücksnutzer und dem Berliner Energietisch.

Die Berliner Wasserbetriebe waren 1999 zu 49,9 Prozent an die Konzerne RWE und Vivendi (heute Veolia) veräußert worden. Im Herbst 2012 kaufte das Land Berlin den RWE-Anteil zurück, der Veolia-Anteil folgte vor wenigen Wochen. Der Wassertisch, der 2011 den erfolgreichen Volksentscheid zur Offenlegung der bis dahin geheimen Privatisierungsverträge initiiert hatte, kritisiert nicht nur die Höhe des Rückkaufpreises — zusammen rund 1,2 Milliarden Euro — sondern fordert zudem eine Umstrukturierung der nach wie vor als komplexe Holding organisierten Betriebe. Da diese nun vollständig in öffentlicher Hand lägen, müßten auch Bürgerbeteiligung und basisdemokratische Elemente installiert werden. „Die Bürger sollen mitentscheiden", sagte Gerlinde Schermer, eine der Gründerinnen der Initiative in ihrem Eingangsvortrag. Auf die internationale Bedeutung des Themas verwies Dorothea Härlin, ebenfalls eine Wassertisch-Gründerin. Der Erfolg der

Berliner bei der Offenlegung der Privatisierungsverträge sei bei vielen Aktivisten der Rekommunalisierung weltweit anerkannt. Dennoch sei man zum Beispiel in manchen lateinamerikanischen Ländern in Sachen Bürgerbeteiligung schon um einiges weiter. Motor einer neuen Entwicklung in Berlin soll der Wasserrat sein. „In den 14 Jahren nach dem Privatisierungsbeschluß von 1999 war die Tätigkeit der Berliner Wasserbetriebe der Gewinnerzielung untergeordnet. Obwohl das Land Mehrheitseigner der Wasserbetriebe blieb, war die technische und kaufmännische Leitung voll in privater Hand. Die Wasserpreise stiegen um über 35 Prozent", heißt es im Aufruf zur Gründungsversammlung. Da in der Zeit der Teilprivatisierung viele umweltpolitische und soziale Aufgaben nicht umgesetzt worden seien, sehen die Aktivisten es als geboten an, daß die Berliner an der Leitung der künftigen Wasserbetriebe beteiligt sein müssen. Die Grundsätze hierzu sind in der vom Wassertisch erarbeiteten „Wassercharta" festgehalten. Prinzipiell soll eine erneute Privatisierung oder Teilprivatisierung ausgeschlossen werden. Einen weiteren Grundsatz bildet die demokratische Beteiligung und Aufsicht der Betriebe durch die Berliner Bürger. Eine alleinige Kontrolle durch das Parlament reiche nicht aus. So sollen künftig nicht nur alle relevanten Unterlagen für die Bevölkerung zugänglich sein, sie soll auch in die unternehmerischen Entscheidungen eingebunden werden. Eine Möglichkeit, an der sich orientiert werden kann, stellt für den Wassertisch das Modell der Pariser Wasserbetriebe dar, bei denen nach der Rekommunalisierung teilhabende Kontrollgremien geschaffen wurden, an denen zum Beispiel Umwelt- und Mieterverbände beteiligt sind. In den nächsten Monaten sollen themenspezifische Sitzungen stattfinden, bei denen es unter anderem um die künftige

Rechtsform der Wasserbetriebe, die Einbindung der Beschäftigten bei demokratisierten Strukturen sowie Sozial- und Umweltaspekte gehen soll. Daß der Kampf um die Berliner Wasserbetriebe auch nach dem Rückkauf weiter geführt werden muß, verdeutlicht der Umstand, daß der noch von Veolia eingesetzte Vorstandsvorsitzende Jörg Simon vor einigen Tagen zwar eine Senkung der Wasserpreise angekündigt hat. Diese soll jedoch durch den Abbau von 300 bis 400 Stellen ermöglicht werden.

Junge Welt 30. November 2013

Im Gegenstrom

Der Berliner Wassertisch muss sich gegen Störmanöver ehemaliger Mitglieder behaupten

Es gehört zum Alltag größerer politischer Gruppen, dass sie sich hin und wieder mit Störungen auseinanderzusetzen haben, die von Gegnern oder auch von unzufriedenen oder ehemaligen Mitgliedern ausgehen. Dass es auch eine vergleichsweise überschaubare Bürgerinitiative treffen kann, zeigen die Vorgänge um den Berliner Wassertisch. Schon vor dessen erfolgreichem Volksentscheid zur Offenlegung der geheimen Verträge zur Teilprivatisierung der Wasserbetriebe im Februar dieses Jahres schwelten interne Konflikte, die schließlich im Oktober eskalierten. Im April hatte die Initiative ein neues siebenköpfiges Presseteam gewählt. Da sie sich als basisdemokratisch versteht, konnte sich jede/r Ambitionierte zum Teammitglied erklären. Das Plenum stimmte per Akklamation zu. Der mittlerweile medial bekannte ehemalige Sprecher des Volksentscheids, Thomas Rudek, verzichtete ausdrücklich auf die Mitarbeit. Seit dieser Wahl sieht sich die Initiative jedoch so manchem Störmanöver ausgesetzt. So gab Rudek mehrfach Pressekonferenzen ohne den Wassertisch oder führte Gespräche mit dem damaligen Wirtschaftssenator Harald Wolf (Die Linke), was die Initiative aus der Zeitung erfuhr und über deren Inhalt Rudek keine so rechte Auskunft geben wollte. Laut *Tagesspiegel* soll es um die Auswahl von Kanzleien gegangen sein, die prüfen sollten, ob wirklich alle Vertragsunterlagen veröffentlicht wurden. Auf Betreiben von Rudek und der Juristin Sabine Finkenthei soll sich zudem im ersten Halbjahr 2011 ein „Arbeitskreis unabhängiger Juristen" zusammengefunden haben, der Möglichkeiten der rechtlichen Auseinandersetzung um die Teilprivatisierungsverträgen prüft. Das Ergebnis ist ein „juristischer Leitfaden", der sich hauptsächlich an Abgeordnete richtet. Unklar ist jedoch, wer hinter dem Arbeitskreis steckt. Dem Plenum des Wassertischs wurden keine Namen genannt und die Zusammenkünfte fanden hinter verschlossenen Türen statt. Auch enthält der „Leitfaden" keine Autorenangaben.

Parallel dazu rief Rudek eine neue Initiative namens „Wasserbürger" ins Leben, die er als „notwendige Ergänzung" zum Wassertisch bezeichnet. Im Kern geht es um die Initiierung eines neuen Volksbegehrens, mit dem angeblich die Rekommunalisierung der Wasserbetriebe gelingen soll – ein Vorschlag, den Rudek mehrfach beim Wassertisch einbrachte, der aber keine Mehrheit fand. Nach monatelangen Auseinandersetzungen zog das Wassertisch-Plenum Anfang Oktober die Reißleine und trennte sich von den „Wasserbürgern". Diese hätten die „Strukturen des Wassertisches (...) weiterhin in Anspruch genommen, Aktivitäten des Wassertisches aber behindert", heißt es in einer Erklärung. Rudek reagierte seinerseits mit Anwürfen gegen das Wassertisch-Presseteam. Etwas bizarr agiert auch ein kleiner Kreis ehemaliger Wassertisch-Mitglieder, an dem auch Rudek und Finkenthei beteiligt sein sollen. Die Gruppe gibt sich seit Kurzem als „reguläres Wassertisch-Plenum" aus und betreibt eine Art Mimikry, indem sie Pressemitteilungen im Namen des Wassertischs herausgibt, eine Internetseite mit gleichem Namen unterhält und auch

192

das Erscheinungsbild der Initiative zu kopieren versucht. Der einzige wahrnehmbare Akteur ist ein Pressesprecher, der sich auch für eine mehrseitige Grundsatzerklärung verantwortlich zeichnet. Darin wird das Wassertisch-Presseteam in Abwesenheit „suspendiert" und die Gruppe um den Pressesprecher als „einzig rechtmäßige Vertretung des Wassertischs" ausgerufen. Woraus sich diese Legitimation herleiten soll, bleibt unbekannt, und auch welchen Aktivitäten die Gruppe über das Versenden von Pressemitteilungen hinaus nachgeht, erschließt sich nicht. Der Wassertisch wird sich durch seine Größe und eingespielten Arbeitsprozesse sicherlich gegen solche Manöver behaupten können. Wahrscheinlich ist auch, dass den Störer/innen früher oder später die Luft ausgeht, da sie bisher kaum öffentliche Resonanz erfuhren. Das Beispiel Wassertisch zeigt aber auch, dass jede Initiative Opfer von „Markendiebstahl" und Verleumdung werden kann.

MieterEcho 351 / Dezember 2011

Getroffene Hunde...

Der vorangegangene Text „Im Gegenstrom", der online auch unter dem Titel „Zarter Gegenwind" erschien, rief einige Gegenreaktionen derjenigen Akteure hervor, die ich dort als „Wassertisch-Fake" bezeichnet hatte – namentlich der Gruppe um Wolfgang Rebel, die unter der Bezeichnung „Berliner Wassertisch.info" bzw. „Berliner Wassertisch/Muskauer Straße" auftritt. Es ist an sich ein normaler und nachvollziehbarer Vorgang, dass einzelne Akteure oder eine Gruppe es nicht besonders angenehm finden, wenn kritisch über sie bzw. ihre Tätigkeiten geschrieben wird. Dass ein Autor im Nachhinein bei solchen Akteuren nicht mehr wohlgelitten ist, ist genauso normal wie nachvollziehbar und gehört zum Geschäft. Kritik und Ablehnung sind völlig legitim und müssen ausgehalten werden – dies gilt für Autoren wie für politische Gruppierungen. Die Reaktionen besagter Gruppe erreichten allerdings eine Massivität, die doch verwundert. Noch Jahre nach dem Erscheinen des o. g. Textes wird dieser als Beleg für die angebliche Bösartigkeit des Autors angeführt, wurden und werden Redaktionen kontaktiert und Behauptungen sowie Gerüchte über den Autor in die Welt gesetzt, der für diese Gruppe anscheinend zur großen Hassfigur geworden ist. Sogar ein umfangreicher (nicht namentlich gekennzeichneter) Blogbeitrag wurde verfasst und auch was sich auf dem Twitter-Account des Autors abspielt, wird mit großer Sorgfalt studiert. Ob dieses Verhalten nun professionell ist oder nicht, mag ich nicht beurteilen. Interessant dabei ist jedoch, dass mehrere Mitglieder der Gruppe um Wolfgang Rebel in verschiedenen Formen gegen mich agitierten, von diesen Leuten jedoch keiner das tat, was man eigentlich hätte erwarten können: Den Autor eines nicht genehmen Textes kontaktieren, einen Leserbrief schreiben oder schlicht einen Text, den man schlecht findet, einfach nach kurzem Ärger wieder vergessen. Vielmehr wurde versucht, Redaktionen, Aktivisten und Parteimitglieder gegen mich aufzubringen – was mir wohl nicht nur politisch, sondern auch beruflich schaden sollte. Letztere Vermutung stützt sich auf eine Aussage, die eine Mitstreiterin von Rebel in einer E-Mail an ein Mitglied der Piratenpartei tätigte. Dazu unten mehr. Bedenkt man zudem, dass der „Gegenstrom"-Text die Gruppe von Rebel in gerade mal einem halben Absatz behandelt und dabei nicht einmal Namen von Gruppenmitgliedern nennt, erscheint das Vorgehen von Rebel und seinen Mitstreitern geradezu absurd.

Für mich stellte sich nun die Frage ob und wenn ja wie ich auf diese Verhaltensweisen reagieren sollte. Den persönlichen Kontakt suchen? Einen Leserbrief schreiben? Ignorieren? Würde eine ernsthafte Auseinandersetzung mit diesen Leuten sie und ihr Tun nicht noch aufwerten? Wäre vor dem Hintergrund der mit diesen Leuten gemachten Erfahrungen nicht zu erwarten, dass sie erneut losschlagen? Ja, wahrscheinlich. Interessiert diese Auseinandersetzung Außenstehende überhaupt? Nein, wahrscheinlich nicht. Andererseits verspüre ich aber nicht die geringste Lust, Leute, die auf Grund eines ihnen nicht genehmen Textes dessen Autor systematisch zu desavouieren versuchen, unkommentiert agieren zu lassen. Es wäre ja noch schöner, wenn Autoren bestimmte Kritik gar nicht mehr äußerten, weil eine Politgruppe sie auf dem Kieker hat. Also entschied ich mich, einen Text über Verhalten und Handeln dieser

Gruppe zu schreiben und ihn in die vorliegende Sammlung aufzunehmen.

Vorgeschichte: Stress am Wassertisch

Die Bürgerinitiative Berliner Wassertisch wurde im Mai 2006 im Nachgang einer Diskussionsveranstaltung, die von Attac-Berlin veranstaltet wurde, gegründet. Die Einladung zum Gründungstreffen wurde ausgehend von der „Attac AG Argumente" versandt.[1] Die Initiative stellte von Beginn an zahlreiche Aktionen auf die Beine. Einer ihrer herausragenden politischen Erfolge war das Volksbegehren zur Veröffentlichung des ursprünglich geheim gehaltenen Vertragswerks zur Teilprivatisierung der Berliner Wasserbetriebe, welches schließlich im Februar 2011 in einem erfolgreichen Volksentscheid mündete. Hier sei darauf verwiesen, dass die ursprüngliche Intention, ein Volksbegehren zu den Teilprivatisierungsverträgen zu beginnen, vom Berliner Bündnis gegen Privatisierung – einem Zusammenschluss u. a. von Vertretern von Attac, Initiative Berliner Bankenskandal, MieterGemeinschaft, DKP, WASG, Sozialforum, Studierenden, Wassertisch und einzelnen Aktivisten – ausging. Geplant waren drei Volksbegehren: Eines zu den Wasserverträgen, eines zum Berliner Sparkassengesetz und eines gegen Studiengebühren. Der Wassertisch als Teil dieses Bündnisses sollte Träger des Volksbegehrens zu den Wasserverträgen sein.[2] Verfasst wurde der Text des Volksbegehrens und späteren Volksentscheids von Thomas Rudek, der damals noch zum Wassertisch gehörte und heute in der Initiative Berliner Wasserbürger aktiv ist.[3] Ich selbst war in der Anfangszeit der Volksbegehren als Vertreter der Initiative Berliner Bankenskandal Mitglied im Antiprivatisierungsbündnis und sog. Vertrauensperson für das Volksbegehren zum Sparkassengesetz. Dies sei hier nur erwähnt, weil heute von der Gruppe um Wolfgang Rebel verlautbart wird, ich sei ja erst zum Ende des Wasser-Volksbegehrens zum Wassertisch gestoßen. Dies ist zwar richtig, aber verkürzt, da ich den Prozess auch des Wasservolksbegehrens von Anfang an aktiv begleitet habe – ganz im Gegensatz zu Herrn Rebel und einigen seiner Mitstreiter, die erst später auf den fahrenden Zug aufsprangen. Wann genau Rebel zum Wassertisch stieß, wollte er mir auf Nachfrage nicht beantworten.

Nach dem gewonnenen Volksentscheid Anfang 2011 brachen innerhalb des Wassertischs Konflikte auf, die zuvor schon einige Zeit schwelten. Vordergründig drehten sich die Auseinandersetzungen um die Frage, wie nach dem Volksentscheid weiter zu arbeiten sei. So vertrat der vormals als „Sprecher des Volksentscheids" fungierende Thomas Rudek die Auffassung, es sei ein neues Volksbegehren zu organisieren, mit welchem nach der Vertragsveröffentlichung die Rekommunalisierung der Wasserbetriebe durchgesetzt werden sollte.[4] Für dieses Vorhaben fand sich jedoch keine Mehrheit. Weiterhin stritt der Wassertisch über den Umgang mit einem ebenfalls von Rudek mit ins Leben gerufenen Arbeitskreis unabhängiger Juristen, der einen Leitfaden zu einer möglichen Organklage von Mitgliedern des Abgeordnetenhauses erarbeitete. Am 7. September 2011 stellte Rudek den Leitfaden der Öffentlichkeit vor.[5] Wohlgemerkt: Die Pressekonferenz fand nicht als Veranstaltung des Wassertischs, sondern als eine der Wasserbürger statt. Deren Internetpräsenz hatte Rudek schon im April 2011 registrieren lassen. Er arbeitete demnach einige Monate parallel zum Wassertisch als

Wasserbürger. Rudek wurde in dieser Zeit mehrfach vorgeworfen, er habe sich über Beschlüsse des Wassertisch-Plenums hinweggesetzt. Ebenfalls kritisiert wurde die Installation des Arbeitskreises unabhängiger Juristen, der irgendwie parallel zum Wassertisch arbeiten sollte, aber das Plenum nicht oder zumindest nicht ausreichend über seine Arbeit informierte. Von mir selbst wurde mehrfach die Form des Leitfadens kritisiert, da dieser zwar als gutachterlicher Text daherkommt, aber außer dem Namen einer Koordinatorin kein weiterer Name seiner Verfasser verzeichnet ist.[6] Unterstützt wurde Rudek damals von einigen Protagonisten, die heute in der Gruppe um Wolfgang Rebel aktiv sind. So zum Beispiel von Rainer Schmitz, der an einem Stand des Wassertischs beim Umweltfest am 5. Juni 2011 Flugblätter der Wasserbürger, die sich für ein neues Volksbegehren aussprachen, verteilte, obwohl das Wassertisch-Plenum im April des Jahres beschlossen hatte, dieses Anliegen nicht zu unterstützen. „Unter dem Banner des Berliner Wassertisches wurde den Interessenten die Idee eines neuen Volksbegehrens zur Rekommunalisierung, ohne die offenen juristischen Fragen anzusprechen, präsentiert und Kontaktdaten gesammelt“, heißt es im Protokoll des Wassertisch-Plenums vom 7. Juni 2011.[7] Einen Höhepunkt erreichten die internen Konflikte, als im Sommer 2011 bekannt wurde, dass mindestens eine Plenumssitzung heimlich aufgezeichnet wurde und eine Abschrift der Aufzeichnung auf der Internetseite der Wasserbürger veröffentlicht wurde. Dies wurde von einigen Plenumsteilnehmern als massiver Vertrauensbruch gewertet, zumal sich das Plenum in der Juni-Sitzung gegen Aufzeichnungen ausgesprochen hatte.[8] Zuvor war es von Seiten der Wasserbürger und ihrer Unterstützer zu wiederholten Angriffen auf das gewählte siebenköpfige Sprecherteam gekommen bzw. es wurde vehement versucht, die Arbeit des Sprecherteams auch öffentlich zu diskreditieren. So hatte dieses bspw. im Juni 2011 im Namen des Wassertischs gemeinsam mit neun weiteren stadtpolitischen Initiativen eine Erklärung unterzeichnet, in der die Haltung der Berliner Linkspartei zu Privatisierungen kritisiert wurde. Eine Aktivistin aus dem Umfeld von Rudek/Rebel schrieb daraufhin einen Leserbrief an die Tageszeitung *junge Welt*, in der die Erklärung veröffentlicht worden war, in dem es heißt: „Über diesen Aufruf lachen die Adressaten nur. Wie soll damit etwas erreicht werden? Die derzeitigen Sprecher der erfolgreichen Inititative Berliner Wassertisch vergessen inzwischen ebenfalls, wie wirklich etwas erreicht werden kann. Ein Weg zum Erfolg und ein Instrument, unseren Parteien aufzuzeigen, was die Leute wollen, bzw. dass sie etwas anderes wollen als das, was ‚da oben' gemacht wird, ist das neue Volksbegehren, das der Sprecher des Volksentscheids, Thomas Rudek, initiiert."[9] Am 23. Juni 2011 schrieb dieselbe Aktivistin eine E-Mail an den Landesvorsitzenden der Linkspartei, um sich von der Erklärung des Wassertischs zu distanzieren. Zudem forderte die Aktivistin zu mehreren Anlässen eine „Umstrukturierung" des Sprecherteams, was jedoch vom Plenum abgelehnt wurde.

Bei seiner Sitzung am 4. Oktober 2011 beschloss das Plenum des Wassertischs schließlich den Ausschluss von Thomas Rudek, Wasserbürgern und ihren Unterstützern, darunter auch Wolfgang Rebel und Rainer Schmitz. Von letzteren wurde der Ausschluss erwartungsgemäß nicht akzeptiert und sie stricken seitdem an der Legende, ihr Rauswurf sei nicht wirksam und eigentlich sei ihre Gruppe der „echte" Wassertisch. Allerdings stricken sie diese Legende mehr oder weniger dilettantisch – oder in der Hoffnung, dass sich niemand ihre Verlautbarungen hierzu genauer ansieht. Vielleicht trifft auch eine Mischung aus beidem zu. Jedenfalls sind die Darstellungen von Rebel zu diesem Thema von einigen offensichtlichen Widersprüchen geprägt. Dies wiederum könnte die allergische Reaktion seiner Gruppe auf jedwede Nachfrage und Kritik erklären. An der Plenumssitzung, bei der der Ausschluss behandelt wurde und die wie zuvor angekündigt an einem neuen Ort stattfand, nahmen Rebel und Co. übrigens nicht teil, sondern veranstalteten eine eigene Sitzung am ursprünglichen Tagungsort. Die Frage, warum er und seine Mitstreiter nicht an der Sitzung teilnahmen, wollte mir Rebel ebenfalls nicht beantworten.

Alleinvertretungsanspruch trotz Rauswurf

Am 11. Oktober 2011 gab Rebel, mittlerweile Pressesprecher der Wassertischgruppe/Muskauer Straße, eine Pressemitteilung heraus, mit der wohl eine Art Alleinvertretungsanspruch seiner Gruppe proklamiert werden sollte. So heißt es darin: „Deshalb traf sich am traditionellen Ort parallel zur Veranstaltung des Presseteams, eine Gruppe von Wassertisch-Aktivisten zum regulären Wassertisch-Plenum, die solche robuste Methoden nicht mittragen. Bei diesen Vorgängen ist deutlich geworden, dass das bisherige Presseteam nicht mehr den gesamten Wassertisch repräsentiert. Der reguläre Wassertisch wird sich daher eine Lösung für die Sach- und Öffentlichkeitsarbeit überlegen, die geeignet ist, den Wassertisch in der Öffentlichkeit wieder zu einem kompetenten Mitspieler für eine kostengünstige und bürgernahe Rekommunalisierung zu machen.“[10] Interessant ist hierbei die Bezeichnung seiner Gruppe als „regulärer Wassertisch“, wobei diese angebliche Legitimation von Rebel in keiner Weise hergeleitet oder begründet wird. Einen Tag zuvor, am 10. Oktober 2011, verschickte Rebel einen als „Protokoll des Wassertisch-Plenums vom 04. Oktober 2011 in der Berliner Compagnie, Muskauer Str. 20a“ überschriebenen Text. Trotz der Bezeichnung als Protokoll ist der Text eher als eine Art Grundsatzerklärung der Gruppe um Rebel zu betrachten, da er weder Diskussionsbeiträge in einer erkennbaren Weise wiedergibt, noch sich an möglichen Tagesordnungspunkten orientiert. Vielmehr wird recht ausführlich erklärt, aus welchen Gründen die Gruppe um Rebel sich als „derzeit einzig rechtmäßige Vertretung des Wassertischs“ betrachtet. Das Plenum des Wassertischs, welches den Ausschluss von Rebel und anderen beschloss, wird in der Erklärung als „Presseteam-Veranstaltung“ bezeichnet und nicht als Plenum angesehen: „[...] ist die Presseteam-Veranstaltung offensichtlich allein zu dem Zweck auf den Plenumstermin gelegt worden, um die Fraktionsbildung innerhalb des Plenums zu vertiefen und den Wassertisch in zwei Teile, beziehungsweise Plattformen zu spalten.“ Weiter heißt es: „Die Veranstaltung vom 4. Oktober am Mehringdamm wird als eine Veranstaltung des Presseteams verstanden, deren Verhältnis zum Wassertisch-Plenum noch geklärt werden muss.“ Das Sprecherteam sei laut Rebel nicht befugt gewesen, den Ort des Plenums festzulegen, da das Plenum selbst den Veranstaltungsort bestimme. „Als Wassertisch-Plenum darf sich daher allein die reguläre Veranstaltung in der Muskauer Straße bezeichnen. [...] Es wird daher festgestellt: Das bis zu diesem Plenum einberufene Presseteam repräsentiert aus den oben genannten Gründen nicht mehr das gesamte Wassertisch-Plenum. Die Veranstaltung am Mehringdamm besitzt keine demokratische Legitimation. Stattdessen betrachtet sich das regulär in der Muskauer Straße tagende Plenum als derzeit einzig rechtmäßige Vertretung des Wassertischs – bis ein Gesamt-Plenum unter demokratischen, transparenten Umständen mit dem Ziel einer produktiven Zusammenarbeit an seinem regulären Standort in der Muskauer Straße zusammentritt." Laut Rebels Erklärung war zu dieser Zeit auch Thomas Rudek Mitglied seiner Gruppe: „Thomas Rudek, der Verfasser des Volksentscheid-Gesetzes und bis zu seinem erfolgreichen Abschluss Sprecher des Volksentscheids, Sabine Finkenthei, juristische Beraterin des Volksentscheids und des Berliner Wassertischs und Koordinatorin der politisch-juristischen Aufarbeitung [...] wirken im regulären Wassertisch-Plenum mit."[11] Der Hinweis von Rebel auf die Mitgliedschaft Rudeks in seiner Gruppe ist vor dem Hintergrund erwähnenswert, als dass ich auf diesen Umstand in meinem „Gegenstrom"-Artikel hinwies, der „Presseblog" von Rainer Schmitz (s. u.) jedoch in seiner Generalabrechnung zu mir behauptet, Rudek sei gar kein Mitglied der Rebel-Gruppe. Wahrscheinlich sollte damit auf einen vermeintlichen Fehler in meinem Artikel hingewiesen werden. Schmitz und sein „Presseblog"-Team haben es bei ihren Rechercheversuchen aber offensichtlich versäumt, die Erklärungen ihrer eigenen Gruppe noch einmal durchzusehen. Der Alleinvertretungsanspruch der Wassertischgruppe/Muskauer Straße ist auch heute noch auf ihrer Internetseite zu finden. So heißt es in einer „NETTiquette für das Plenum des Wassertischs": „Grundvoraussetzung für die aktive Teilnahme am Plenum des Berliner Wassertischs ist, dass die BI in der

Muskauer Straße als legitime Vertretung des Wassertischs anerkannt wird.“[12]

Widersprüchliche Erklärungen

In der Folge des Ausschlusses interpretierte Rebel die Vorgänge allerdings recht beliebig. So veröffentlichte er als Reaktion auf einen Artikel in der *tageszeitung* am 16. Oktober 2011 einen Kommentar auf seiner Homepage in dem es heißt: „Die Tatsache, dass beim Wassertisch auch Leute mitarbeiten, die die Linie der Wasserbürger für ein neues Volksbegehren unterstützen, rechtfertigt unter keinen Umständen ihren Rausschmiss. […] Auch die Tatsache, dass in einer Plenumsabstimmung beschlossen wurde, zunächst nicht aktiv auf ein neues Volksbegehren hin zu arbeiten, rechtfertigt es nicht, die Minderheitsfraktion deshalb auszuschließen. Genau das aber ist geschehen.“[13] In einem weiteren Text, der auf den 20. Oktober 2011 datiert ist und den Rebel auch per E-Mail versandte, ist vom Rausschmiss seiner „Minderheitenfraktion“ nicht mehr die Rede. Vielmehr interpretiert er den Vorgang nun so, dass das Sprecherteam selbst aus der Initiative ausgestiegen sei: „Es wurden nicht ‚die Wasserbürger‘ herausgeworfen, sondern das Presseteam hat sich durch sein undemokratisches und manipulatives Verhalten selbst aus dem Wassertisch herausgeputscht, hat stattdessen eine eigene Veranstaltung am anderen Ort aufgemacht – und das ohne Begründung und ohne Ankündigung einer Tagesordnung.“[14] Im Protokoll der Plenumssitzung des Wassertischs/Muskauer Straße vom 3. Juli 2012 ist wiederum eine andere Interpretation nachzulesen. Bei der „Mehringdammer Gruppe“ handle es sich um eine „Neugründung“, die „ihre Rechtsnachfolge auf den Wassertisch formal aufgegeben hat."[15] Zumindest die beiden Erklärungen Rebels widersprechen sich vollständig: Erst bezeichnet er die am 4. Oktober 2011 ausgeschlossenen Aktivisten, also sich und seine Mitstreiter, als „Minderheitsfraktion", die ausgeschlossen worden sei. Wenige Tage später hat sich sein Verständnis um 180 Grad gedreht und plötzlich hätten sich mit dem Sprecherteam angeblich Aktivisten, die nicht zu seiner Gruppe gehörten, aus der Initiative „herausgeputscht". Von mir auf diese offensichtlichen Widersprüche angesprochen wollte sich Rebel ebenfalls nicht konkret äußern. Er teilte lediglich mit, solche Fragen seien für seine Gruppe nicht relevant und es sei wichtiger, dass beide Wassertische konstruktiv arbeiteten.

Welche der Interpretationen der Wassertischgruppe/Muskauer Straße zu den Vorgängen am 4. Oktober 2011 man auch heranzieht: Ein gemeinsames Merkmal ist, dass für den Ausschluss einiger Aktivisten bzw. die „Spaltung" der ursprünglichen Initiative das Sprecherteam der heutigen Wassertischgruppe/Mehringdamm in weiten Teilen verantwortlich gemacht wird. So auch in einer Erklärung die nach wie vor auf der Homepage von Rebels Gruppe zu finden ist.[16] Ob diese Interpretation allerdings so ohne weiteres Bestand hat, kann bezweifelt werden. Die Internetseite „www.berliner-wassertisch.info" sei, so teilte es Rebel zum Beispiel in einer E-Mail an den Verantwortlichen für die Homepage des Berliner Bündnisses gegen Privatisierung vom 24. Oktober 2011 mit, in Folge der Spaltung der ursprünglichen Initiative eingerichtet worden. Diese Aussage ist fragwürdig. Denn eine einfache „Whois"-Abfrage zur besagten Domain ergibt, dass diese durch Rebel am 4. Oktober 2011 um 14:49:17 Uhr (UTC) eingerichtet wurde. Das Plenum, welches den Ausschluss von Rebel und anderen beschloss, fand am selben Tag erst ab 20 Uhr statt. Die Domain der Gruppe um Rebel bestand demnach schon vor ihrem Ausschluss. Das ist bemerkenswert, denn immerhin heißt es in dem von Rebel verschickten „Protokoll des Wassertisch-Plenums vom 04. Oktober 2011 in der Berliner Compagnie, Muskauer Str. 20a": „Wie sich im Verlauf des Abends herausgestellt hat, ist die Presseteam-Veranstaltung offensichtlich allein zu dem Zweck auf den Plenumstermin gelegt worden, um die Fraktionsbildung innerhalb des Plenums zu vertiefen und den Wassertisch in zwei Teile, beziehungsweise Plattformen zu spalten." Wenn sich für die Gruppe um Rebel erst am Abend des 4. Oktober 2011 herausgestellt haben soll, dass eine „Spaltung" der ursprünglichen Initiative stattfinden sollte und dafür das Sprecherteam verantwortlich gemacht wurde – warum hat Rebel dann schon am Nachmittag desselben Tages eine Domain unter dem Namen „Wassertisch" registrieren lassen? Könnte es sein, dass die Gruppe um Wolfgang Rebel, die zum Teil schon in der Vergangenheit gegen das gewählte Sprecherteam agierte, gar nicht so überrascht von der „Spaltung" war, wie sie im Nachhinein verlautbaren ließ? Bestanden vielleicht sogar schon eigene „Spaltungsabsichten" besagter Gruppe? Diese Fragen müssen offen bleiben. Denn auch zur Anmeldung der Wassertisch.info-Homepage auf seinen Namen bereits vor dem Ausschluss wollte Rebel sich auf Anfrage nicht äußern.

Skurrile Reaktionen

Was das Geschilderte über die Seriosität der Wassertischgruppe/Muskauer Straße bzw. ihrer Hauptprotagonisten aussagt, kann jeder für sich entscheiden. Ich selbst fand dieses Vorgehen schon immer unseriös und machte dies, wie andere auch, in der einen oder anderen Äußerung deutlich. Und in der Tat: Ich halte, wie andere auch, den Beschluss des Wassertisch-Plenums, einige Aktivisten aus der Initiative auszuschließen, nach wie vor für richtig. An diesem Beschluss habe ich ja selbst mitgewirkt, da ich zu dieser Zeit noch beim Wassertisch aktiv war. Über Rebel und seine Gruppe geschrieben habe ich, wie oben erwähnt, allerdings nur einen halben Absatz im *MieterEcho*. Dieser Text scheint jedoch richtig gesessen zu haben, anders lassen sich die Reaktionen auf ihn nicht erklären. Diese erreichten mitunter ein recht skurriles Niveau. So wandte sich Rebel zum Beispiel per E-Mail am 12. November 2012 an den Chefredakteur einer von mir regelmäßig bedienten Zeitschrift, um sich über eine Äußerung auf dem Twitter-Account besagter Zeitschrift zu beschweren. Der Anlass war nichtig: In einem Tweet war darauf hingewiesen worden, dass der „richtige Wassertisch" derjenige sei, der am Mehringdamm tagt – also nicht die Gruppe von Rebel aus der Muskauer Straße. Dieser Auffassung widersprach Rebel, denn schließlich dürften beide „Wassertisch-Gruppen" (im Gegensatz zu den oben geschilderten Verlautbarungen Rebels) von sich behaupten, „echte Wassertische" zu sein. Mögliche Konflikte der beiden Gruppen sollten um der Sache willen nicht in die Öffentlichkeit getragen werden. Besagten Tweet könne man sich aber nur so erklären, als dass er auf Ugarte Chacón zurückgehe, der sich ja schon in der Vergangenheit in ähnlicher Weise über Rebels Gruppe geäußert habe. Amüsant ist diese Reaktion zum einen, weil Ugarte Chacón mit besagtem Twitter-Account und dessen Inhalten überhaupt nichts zu tun hat. Zum anderen, weil Rebel Ugarte Chacón einen politischen Einfluss unterstellt, den dieser gar nicht hat: „Leider hat Herr Ugarte Chacón in der Vergangenheit beständig versucht, die Wassertisch-Spaltung zu vertiefen. In diese Auseinandersetzungen verwickelt er offensichtlich bei Bedarf auch Institutionen, die fälschlicherweise auf seine Seriosität vertrauen", heißt es in der E-Mail. Als Beleg für diese Aktivitäten Ugarte Chacóns führte Rebel in seiner E-Mail übrigens eine Passage aus einem Text an, der auf einem „Wasserpresse"-Blog erschien. Verantwortlich für diesen Blog zeichnet sich Rainer Schmitz, der wiederum Mitglied in Rebels Wassertisch-Gruppe ist. Auf diesen Umstand wird in der Selbstdarstellung des Blogs allerdings nicht hingewiesen, es wird lediglich gesagt, dass der „Wasserpresse"-Blog „locker mit der Bürgerinitiative Berliner Wassertisch verbunden" sei, wobei ein diesbezüglicher Link auf die Homepage von Rebels Gruppe verweist. Ziel des Blogs sei es, Pressebeiträge zum Wasservolksentscheid 2011 nachzurecherchieren und die Berliner Bürgerinnen und Bürger „objektiv" zu informieren. Nach eigenen Angaben wird der Blog von „einer Handvoll Journalisten" bestückt, wobei von diesen Mitarbeitern außer Schmitz keiner namentlich in Erscheinung tritt und sich die Arbeit dieser angeblichen Handvoll Journalisten zumindest seit dem Jahr 2012 sehr oft auf das unkommentierte Einstellen der Pressemitteilungen von Wolfgang Rebel beschränkt. Aus dem Jahr 2012, genauer vom 11. November des Jahres, stammt auch die Eloge, die Schmitz und seine Journalisten zwei Texten widmen, die ich für das *MieterEcho* bzw. die *junge Welt* geschrieben habe. Das genannte Datum ist vor dem Hintergrund erwähnenswert, dass es sich bei den dort kritisierten Texten um solche handelt, die ich bereits im November 2011 veröffentlicht hatte. Schmitz und seine

Journalisten brauchten also immerhin ein Jahr, um zwei kürzere Texte von mir „nachzurecherchieren" und zu analysieren. Doch der einjährige Aufwand hat sich nicht sonderlich gelohnt, herausgekommen ist jedenfalls weder eine Recherche noch eine tragfähige Analyse. Schmitz und seine Journalisten beschränken sich darauf, unbelegte Behauptungen aufzustellen, diese mit ein paar halbseidenen Vermutungen zu versehen und dann zum Ergebnis zu kommen, dass Ugarte Chacón seine „journalistische Tätigkeit" missbrauche, um „eigene Absichten" durchzusetzen. Diese „Absichten" sollen, so lässt sich aus dem umständlichen Text herauslesen, irgendwie gegen eine Rekommunalisierung der Wasserbetriebe mit Hilfe juristischer Auseinandersetzungen über die Teilprivatisierungsverträge gerichtet sein. Hätten Schmitz und seine Journalistenschar mehr als zwei Texte von mir gelesen, so wäre ihnen aufgefallen, dass ich schon immer den oben erwähnten Leitfaden des Arbeitskreises unabhängiger Juristen sowie die Arbeitsweise des letzteren kritisiert habe. Daraus die Ablehnung eines vernünftigen juristischen Vorgehens gegen die Teilprivatisierungsverträge zu stricken ist schon etwas gewagt. Aber von einer Handvoll Journalisten und einem Blogbetreiber, die nicht einmal den Unterschied zwischen einer Partei und einer Fraktion kennen, sollte man wohl auch nicht zu viel erwarten. Doch auch etwas verdeckter versuchten Rebel und seine Mitstreiter gegen mich vorzugehen. Neben der oben erwähnten E-Mail an den Chefredakteur einer Zeitschrift liegt mir noch eine weitere E-Mail vor, die aus Rebels Umfeld an einen Redakteur geschrieben wurde und in der mir zum Teil ähnlicher Unsinn wie auf dem Blog von Schmitz vorgeworfen wird. Eine E-Mail an ein Mitglied der Piratenpartei, die von einer engen Mitstreiterin Rebels verfasst wurde und die mir ebenfalls vorliegt, deutet darauf hin, dass es Rebels Gruppe bei ihren Kontaktaufnahmen zu Redaktionen gar nicht um die Richtigstellung irgendwelcher Aussagen in meinen Artikeln ging, sondern darum, Redaktionen gegen mich aufzubringen. In besagter E-Mail vom 1. April 2013 brüstet sich die Aktivistin mit dem angeblichen Erfolg, dass nach einer Intervention ihrer Gruppe bei einer Zeitungsredaktion dort kein Artikel mehr von mir erschienen sei. Diese Behauptung ist falsch, ein Blick ins Archiv besagter Zeitung hätte genügt. Dennoch verweist, so meine Interpretation, die Aussage von Rebels Mitstreiterin wohl unbeabsichtigt auf die eigentliche Intention ihrer Gruppe, nämlich eine Redaktion dazu zu bewegen, keine Artikel mehr von mir anzunehmen. Oder drastischer ausgedrückt: Es ging wohl darum, einem nicht genehmen Schreiber beruflich zu schaden. Dies wiederum würde ein höchst fragwürdiges Verständnis von Pressefreiheit dieser Aktivisten offenbaren.

Anmerkungen:

[1] http://berliner-wassertisch.net/assets/pdf/Gruendung/2006-05-23_Gruendungstreffen.pdf (Stand: 27.04.2014)

[2] Vgl. Berliner Bündnis gegen Privatisierung, Protokoll der Sitzung vom 11. Mai 2007

[3] www.wasserbuerger.de

[4] Thomas Rudek, Der Preis der Rekommunalisierung oder: Wie eine kostengünstige Rekommunalisierung gelingen kann, Diskussionspapier v. 5. März 2011

[5] http://berliner-wasserbuerger.de/?page_id=1533 (Stand: 27.04.2014).

[6] Arbeitskreis unabhängiger Juristen, Nichtigkeit der Berliner Wasserverträge und ihre Geltendmachung. Ein juristischer Leitfaden, Berlin 2011

7 Berliner Wassertisch, Protokoll der Sitzung v. 7. Juni 2011

8 Die Mitschrift der Aufzeichnung ist bis heute bei den Wasserbürgern zu finden: http://berliner-wasserbuerger.de/wp-content/uploads/2012/04/Diskussion-neues-Volksbegehren-Plenum-WT-05_04_11.pdf (Stand: 27.04.2014)

9 Leserbrief von Sigrun Franzen. In: junge Welt v. 25. Juni 2011

10 Wolfgang Rebel, Zwei Wassertische?, Pressemitteilung vom 11.10.2011

11 Protokoll des Wassertisch-Plenums vom 04. Oktober 2011 in der Berliner Compagnie, Muskauer Str. 20a

12 http://berliner-wassertisch.info/wir-uber-uns/nettiquette/ (Stand 28.04.2014)

13 http://berliner-wassertisch.info/kommentar-2011-10-16/ (Stand: 28.04.2014)

14 http://berliner-wassertisch.info/eine-entgegnung-auf-den-artikel-%E2%80%9Eberliner-wassertisch-trennt-sich-von-wasserburgern%E2%80%9C-von-gerhard-seyfahrt/ (Stand: 28.04.2014)

15 Berliner Wassertisch/Muskauer Straße, Protokoll der Plenumssitzung 3. Juli 2012, S. 6

16 http://berliner-wassertisch.info/warum-existieren-inzwischen-zwei-%E2%80%9Eberliner-wassertische%E2%80%9C/ (Stand: 28.04.2014)

Ach, Attacis!

Ende Mai findet in Berlin ein großer Attac-Kongress statt. Die eingetragene Marke der Globalisierungskritik sieht alt aus, sie ist in den Mainstream eingegangen.

Seit seiner Gründung im Jahr 2000 gilt Attac Deutschland in Medien und Forschung als ein herausragender Akteur der globalisierungskritischen Bewegung. Dies hängt sicherlich auch noch mit dem - mittlerweile etwas verblassten - Nimbus zusammen, den viele Medien der Organisation während und kurz nach den Protesten gegen den G-8-Gipfel 2001 in Genua zuschrieben. Attac wurde zur "Marke für Globalisierungskritik" (von Lucke) und gab der Bewegung ein medientaugliches Gesicht. Sein Erfolg lag dabei nicht nur in der anfänglich starken Präsenz, sondern auch bzw. heute fast nur noch in der stetig steigenden Zahl der Mitglieder - nach eigenen Angaben in Deutschland immerhin rund 23.000. Attac möchte Bildungsbewegung sein, Expertise liefern und per Aktion Resonanz hervorrufen. Dabei etablierte es für sich einen "neuen Organisationstyp", der Bewegungs- mit NGO-Elementen verbinden soll und der seinen "weltanschaulichen Pluralismus" als große Stärke begreift.

Anspruch und Wirklichkeit.

Doch mit der Umsetzung der eigenen Ansprüche sieht es nach über zehn Jahren seines Wirkens eher schlecht als recht aus. Schlimmer noch: Attac Deutschland hat auf seinem ureigensten Feld - dem Thema "Finanzmärkte" - bislang kläglich versagt. Beide Aspekte sind auf ein strukturelles Grundproblem zurückzuführen. Zum Ersten: Der von Attac als Stärke verkaufte "weltanschauliche Pluralismus", wonach eben jeder und jede alles einbringen kann, was dem Attac-Grundkonsens nicht widerspricht, hat zur Herausbildung einer thematischen Konfusion geführt, die ihresgleichen sucht. Ein Blick auf die in bundesweiten AGs, in anderen Arbeitszusammenhängen oder mit unterschiedlichen Wortmeldungen bearbeiteten Themen macht dies deutlich. Es gibt AGs zu Grundeinkommen, Kultur, Genderfragen, Lateinamerika, Welthandel und Finanzmärkten. Es gibt Arbeitszusammenhänge zu Steuern, Europa, Privatisierung, geistigen Monopolrechten, Ökologie und Rechtsextremismus. Und es gibt unzählige Texte, die alles Mögliche von Stuttgart 21 bis Nahost behandeln. Bei Aktionen, Kampagnen und Kongressen verhält es sich ähnlich diffus. Ob Arbeitsbedingungen bei Lidl, Agenda 2010, Kapitalismus, Börsengang der Bahn oder aktuell mal eben Atompolitik, Wachstum und der "Demokratienotstand" - alles scheint irgendwie wichtig, zu allem muss etwas gesagt und getan werden. Das Resultat dieser Ausrichtung kann Attac selbst nicht gefallen: Es ist mittlerweile völlig unklar, für was Attac steht, was es will und welche Lösungen es anzubieten hat. Die Globalisierungskritik von Attac ist zu einem Sammelsurium von Einzelaspekten degeneriert, die "Marke Attac" hat außer sich selbst keinen greifbaren Inhalt. Und so ist es kein Wunder, dass Attac in keinem der beackerten Felder als "Experte" gefragt ist.

Harmlos und staatsgläubig

Zum Zweiten: Das Beharren auf thematischer Konfusion rächt sich in der Finanzkrise. Immerhin bezeich-

212

nete sich die Organisation vor ihrer Umfirmierung in
Attac Deutschland als "Netzwerk zur demokratischen
Kontrolle der internationalen Finanzmärkte". Man sollte
also meinen, dass Attac diesbezüglich etwas Konkretes
anzubieten hätte. Doch weit gefehlt. Es gab zwar ein
paar an die Medien gerichtete Aktionen und ein öffentlich verhalten aufgenommenes Bankentribunal. Inhaltlich präsentiert sich Attac jedoch mit einer Vielzahl von
Einzelbeiträgen und Analysen als bunter Basar der Möglichkeiten. Es existiert lediglich eine Erklärung zur Finanzkrise, die als Wortmeldung von Gesamt-Attac verstanden werden kann. Dabei handelt es sich um einen
kleinen Forderungskatalog, der unter der Überschrift
"Das Casino schließen" in mehreren Variationen publi-
ziert und der vom Ratschlag – also der Vollversamm-
lung von Attac – im Herbst 2008 verabschiedet wurde.
Darin wird zwar einerseits ein "Systemwechsel" ange-
mahnt, die Forderungen bleiben aber eher harmlos und
vor allem streng staatsgläubig: Die Bundesregierung
möge bitte für die Schließung von Steueroasen Sorge
tragen, sich für eine Finanztransaktionssteuer einsetzen,
bestimmte Finanzprodukte verbieten und gestützte
Banken verstaatlichen. Zudem sollten Banken allgemein
"demokratischen Kontrollmechanismen" – was immer
das auch sein soll – unterworfen werden. Die staatlichen
Akteure, die in der Vergangenheit per Gesetzgebung
und eigenen Rückzug die Bedingungen für die Finanzkrise mit schufen, gehören für Attac also zu dem Teil
des "Systems", dem mit Appellen zu neuen Einsichten
verholfen werden kann.

Diesem Glauben nach könnten die Herrschenden,
nun gesalbt von besserer Erkenntnis, auf einmal den
Gestaltungsanspruch entwickeln, Politik gegen die

Interessen zu machen, für die sie bis dato Politik gemacht haben. Und die Übernahme einzelner Schlagworte wie Finanztransaktionssteuer, Transparenz und Kontrolle durch Vertreter der Bundesregierung war sodann auch für Attac der Anlass, zu erklären, man habe den "neoliberalen Mainstream im öffentlichen Diskurs" aufgebrochen.

Generalrevision angesagt

Dabei ist den Attacis in ihrer Staatseuphorie jedoch der wichtigste Aspekt entgangen: Die Herrschenden nahmen ihre zaghaften Maßnahmen nicht mit dem Ziel eines Systemwechsels vor, sondern zur Systemstabilisierung, was sich ja in der Betitelung entsprechender Gesetze zeigt. Selbst die Verstaatlichung der Hypo Real Estate geschah in diesem Sinne. Das verbale Umschwenken verantwortlicher Politiker, das Attac als Erfolg verkaufen will, erweist sich demnach keineswegs als Abkehr vom "neoliberalen Mainstream", sondern umgekehrt: Attacs Forderungen und Vorstellungen erweisen sich als absolut mainstreamtauglich und sogar nützlich zur Systemstabilisierung - sonst hätten die Herrschenden doch niemals laut darüber nachgedacht. Attac muss sich also dringend einer Generalrevision unterziehen. Man wird nicht hegemoniefähig, indem man seine Forderungen in Einklang mit den Vorstellungen der Herrschenden bringt. Und eine "andere Welt" wird so erst recht nicht möglich.

die tageszeitung 9. Mai 2011

Weihnachten rund um die Welt

Wenn sich am „Heiligen Abend" die Familien besinnlich zusammenfinden, wenn die Christmetten die Gläubigen aufrichten und den weniger Gläubigen zumindest das Gefühl der Glaubenspflichterfüllung geben, wenn die ewig übersättigten Berufsjugendlichen sich auf „Christmas Partys" begeben und sich dabei innerlich rebellierend vorkommen, wenn Marianne und Michael ihren Jüngern zum hundertsten Mal weismachen wollen, dass Weihnachten in den Bergen am schönsten ist, wenn die grell beleuchteten Kaufhöfe und die brüllenden Media Märkte ihre Pforten geschlossen haben, dann werden wichtige Politiker und frömmelnde Bischöfe mit salbungsvoller Mine wieder von dem lieben Kindlein sprechen, das unter ärmlichen Bedingungen im Stall von Bethlehem zur Welt kam. Und sie werden - wie so oft - ihre Zuhörer mahnen, dass die Kinder dieser Welt etwas sehr Wertvolles seien und dass sie die Zukunft seien und dass man sie schützen müsse und dass man dafür Sorge zu tragen habe, dass es ihnen an nichts fehle.

Im weihnachtlichen Deutschland werden, wenn es an die Bescherung geht, viele Kinder ihre Eltern fragen, warum der Gabentisch nicht so reichhaltig oder gar nicht gedeckt ist. Und die Eltern werden ihnen erklären, dass in diesem Land zwar Milliarden und Abermilliarden Euro vorhanden sind, um Banken und Banker aber nicht um arme Kinder glücklich zu machen. Und sie werden ihnen vielleicht auch erklären, dass sie sich in recht großer Gesellschaft befinden, denn immerhin, so fanden kluge Leute heraus, leben in Deutschland 14 Prozent der Kinder unter 15 Jahren in dem Zustand, den man Kinderarmut nennt, der aber eigentlich Familienarmut heißen sollte. Ähnliche Fragen werden am Weihnachtstage auch viele Kinder ihren Eltern zum Beispiel in Lateinamerika stellen. Nur, dass sie nicht nach Weihnachtsgeschenken, sondern nach einem warmen Essen und vielleicht auch nach Medizin fragen werden. Und die Eltern werden ihnen erklären, dass das Land in dem sie leben, zwar reich an Rohstoffen ist, die korrupte Regierung diese aber an internationale Konzerne verhökert hat und die Einheimischen außer harter, krankmachender und schlecht bezahlter Arbeit nichts davon haben. Dass man noch froh sein könne, dass es nicht überall so schlimm sei, wie in der Minenstadt La Oroya in Peru, wo ein US-amerikanischer Konzern Blei und Zink abbauen lässt und sich einen Dreck um die Gesundheit seiner Arbeiter und der Bewohner der Stadt schert, in der so viele Kinder mit Behinderungen auf die Welt kommen und dann, wenn sie es schaffen erwachsen zu werden, an Krebs sterben. Und während die Eltern dies erklären, werden sie hoffen, dass ihre Kinder nicht eines Tages in die Fänge eines dieser vielen kleinen Drogenbosse geraten, die mit ihren Banden die Armenviertel der großen Städte beherrschen, und dass ihre Kinder nicht irgendwann erschossen in der Gosse liegen.

In einigen Ländern Afrikas aber auch Südamerikas und des Nahen Ostens werden an den Weihnachtstagen viele Kinder ihre Eltern gar nichts fragen können, denn ihre Eltern haben sie seit langer Zeit nicht mehr gesehen. Weil sie auf dem Schulweg paramilitärischen Häschern in die Arme liefen und verschleppt worden sind und nun als Kindersoldaten zur Sklavenarbeit, zum Plündern, zum Brandschatzen und zum Morden ge-

zwungen werden und ihr zartes Leben opfern müssen
für die Privatkriege irgendwelcher Rebellenführer, War
Lords oder sonstwelcher feiner Herren im edlen Zwirn
auf weichen Kissen. Man schätzt, dass es weltweit 250
000 Kindersoldaten gibt.

Zwischen drei und vier Millionen Kinder, auch dies
eine Schätzung, werden an diesen Weihnachtstagen
rund um die Welt gezwungen sein, sich zu prostituieren,
um triebgesteuerten Unmenschen, die ihre Armut ausnutzen, ein paar schöne Stunden zu bereiten oder vor
der Kamera zu posieren, damit auch die Verbrecher auf
ihrer Kosten kommen, die lieber zu Hause oder im Büro genießen. Es werden weitere Millionen Kinder in
Fabriken, in Bergwerken und auf Feldern schuften, sich
die Gelenke und die Knochen kaputt machen und Staub
und giftige Partikel einatmen, während sie auch Waren
herstellen, die unter deutschen Weihnachtsbäumen lan-
den. Oder sie werden Waren, die einstmals unter den
Weihnachtsbäumen lagen, wieder in ihre Einzelteile
zerlegen. So wie die Kinder auf den Mülldeponien in
Ghana. Hier werden jeden Monat Hunderte Container
mit Schrottcomputern von skrupellosen europäischen
„Entsorgungsunternehmen“ angeliefert. Die Kinder
müssen die Computer und Monitore auseinander nehmen und die einzelnen Teile ins Feuer werfen, damit
sich Plastik von Metall löst. Die dabei entstehenden
Dämpfe vergiften die schuftenden Kinder, teilweise
nicht einmal zehn Jahre alt, und fressen sich in ihre
Lungen, Nieren und Gehirne. Wie viele Kinder in den
so genannten Entwicklungsländern während der Weihnachtstage sterben weil sie zu krank sind und ihre Eltern
zu arm und die Pharmaindustrie nichts zu verschenken
hat, wird niemand zählen. Man weiß, dass allein an Ma-

laria, einer mit entsprechenden Medikamenten heilbaren Krankheit, jedes Jahr rund 800 000 und an Durchfallerkrankungen jährlich 1,5 Millionen Kinder unter fünf Jahren sterben. Man weiß auch, dass im Jahr 2008 rund 280 000 Kinder an den Folgen von AIDS starben und 2,1 Millionen Kinder den tödlichen Virus in sich trugen. Allein in Afrika sterben jedes Jahr 80 000 bis 90 000 Kinder an der „Armenkrankheit" Noma. Aber wer könnte schon sagen, wie viele Kinder in den „Entwicklungsländern" dem Tod näher als dem Leben sind - einfach weil sie keinen Zugang zu sauberem Wasser haben. Wer weiß überhaupt, dass es diese Kinder gibt? Die ärmsten der Armen werden bei ihrer Geburt nicht einmal registriert. Und wie viele Hunderttausende Kinder an diesen Weihnachtstagen in den zur Zeit ungefähr 30 Kriegen und bewaffneten Konflikten auf der ganzen Welt ihre Freunde und Verwandte verlieren, fliehen müssen, verletzt und getötet werden, wird ebenfalls ungezählt bleiben. Genauso wie die Zahl der Kinder, die als Opfer von terroristischen Anschlägen sterben oder gezwungen werden, als Selbstmordattentäter die Ideologien der Erwachsenen in die Gesellschaften hinein zu bomben. Wie viele Kinder werden in diesen Tagen fröhlich zum Spielen gehen und dabei auf eine zurückgelassene Landmine treten und zerfetzt werden?

In seiner Weihnachtsansprache für das Jahr 2008 wandte sich Bundespräsident Horst Köhler mit folgenden Worten an die Bevölkerung: „Ich sehe in der Krise auch eine Chance. Eine Chance für eine bessere Zusammenarbeit zwischen den Völkern. Eine Chance für eine bessere Ordnung von Wirtschaft und Finanzen, in der das Kapital allen zu Diensten ist und sich niemand davon beherrscht fühlen muss. Wenn wir dafür arbeiten, dann macht uns diese Krise stärker. Jetzt muss sich entsprechend verhalten, wer Verantwortung trägt und Rechenschaft schuldet. Wir brauchen Achtsamkeit für das Gemeinwohl. Wir brauchen Anstand, Bescheidenheit und Maß.“

Wenn der 24. 12. 2009 zu Ende geht, werden an diesem einzigen Tag - wie an allen übrigen Tagen des Jahres auch - weltweit 16 000 Kinder an Hunger gestorben sein.

motz 26/2009

Bisher erschienen:

Berlin Bank Skandal

Eine Studie zu den Vorgängen um die Bankgesellschaft Berlin

Verlag Westfälisches Dampfboot 2012
340 Seiten - € 29,90
ISBN: 978-3-89691-909-0

Unten bleiben

Zwischenbericht der Piratenfraktion zum Untersuchungsausschuss BER - gemeinsam mit Martin Delius

Hrsg.: Piratenfraktion im Abgeordnetenhaus von Berlin 2013
110 Seiten
ISBN: 978-3-7657-2222-6